VERSTEH' MICH DOCH
VÄTER UND MÜTTER BERICHTEN VON SCHEITERN UND AUFARBEITUNG IHRER ELTERN-KIND-BEZIEHUNG

Versteh' mich doch!

Väter und Mütter berichten von Scheitern und Aufarbeitung ihrer Eltern-Kind-Beziehung

Herausgegeben von Theo Schoenaker

Horizonte Verlag
Stuttgart

Theo Schoenaker
Versteh' mich doch!
Väter und Mütter berichten von Scheitern und Aufarbeitung ihrer Eltern-Kind-Beziehung

1. Auflage. 1993

Umschlaggestaltung: Peter Spiegel, Stuttgart
Druck: Freiburger graphische Betriebe, Freiburg/Br.

ISBN 3-89483-011-5
Printed in Germany

Gewidmet

allen Eltern und
Alleinerziehenden,
die glauben, nicht
gut genug zu sein.

Inhalt

Vorwort

Es war einmal ein König, der hatte eine Tochter - so oder ähnlich fangen viele Märchen an. König und Königin - das sind natürlich die Eltern; die Prinzessin ist die Tochter, der Sohn ist der Prinz. Was hat das mit Erziehung zu tun? Erziehung - das ist zunächst einmal: als Eltern und Kinder zusammen leben, sich gemeinsam am Königreich der Kindheit freuen. Königreich? Das entsteht unabhängig vom äußeren Reichtum, wenn das Kind willkommen ist, geschätzt und geliebt wird, an allem teilnehmen darf, als selbständige Persönlichkeit geachtet wird!

Erziehung hat bei uns leider oft einen ganz anderen Klang - als müßten die Eltern aus dem Kind etwas machen, ihm Unarten abgewöhnen, gute Sitten beibringen - es klingt mehr nach Dressur. Damit kann man einem Kind das Leben sehr schwer machen - und sich selbst übrigens auch. Diese Auffassung von Erziehung als Dressur war früher einmal fast bürgerliche Regel, und auch heute meinen viele Eltern noch, es müßte so sein. Es muß nicht. Noch mehr Eltern sind heute unsicher und fragen sich: Wie machen wir es richtig? Es gibt Bücher über Erziehung, Zeitschriftenartikel, Vorträge, Ratschläge von berufener und unberufener Seite. Die Ansichten und Positionen sind widersprüchlich, es gibt Zeitströmungen und Gegenströmungen. Das kann die Eltern erst recht verunsichern. Manche resignieren, manche entwickeln auch Schuldgefühle und denken: So müßte man es machen - aber wir schaffen es nicht.

Dieses Buch ist ein Erziehungsbuch anderer Art. Es gibt keine Ratschläge. Vielmehr schreiben Eltern über ihre Erfahrungen und ihre heutige Sicht. Sie erzählen, wie es damals gelaufen ist und was sie heute anders machen würden.

Sehr oft taucht das Wort »Ermutigung« auf. Es ist ein zentraler Begriff. Es schreiben Eltern, die ermutigt sind. Sie würden heute viel mehr tun, ihr Kind zu ermutigen. Auch dieses Buch soll Mut machen.

Es gibt nicht eine richtige Methode der Erziehung - aber es gibt viele Erfahrungen, die helfen können. Wie ein Kind sich entwickelt, ist nicht in unsere Hand gegeben. Es ist wichtig, was wir tun; noch viel wichtiger ist, wie wir sind und wie wir leben. Dieses Buch kann auch Mut machen, zur eigenen Art und Haltung zu stehen: So wie ich bin, bin ich in Ordnung. Müssen wir dem Kind sagen, was es tun soll? Das ist meist gar nicht nötig, und wenn, dann genügt einmal. Stattdessen lieber zuhören, erzählen, mit dem Kind plaudern - so ist die Zeit besser angewandt! Teilhaben und teilnehmen lassen.

Es gibt gelegentlich sehr gewissenhafte Eltern, die kaum eine Gelegenheit versäumen, sich über die richtige Erziehung zu informieren. Sie haben entsprechende Zeitschriften, lesen Bücher, hören Vorträge, um sich auf dem neuesten Stand zu halten. Das Kind entnimmt daraus eines: Meine Eltern sind sehr unsicher, und alles ist sehr schwierig! Das mag dann auch die Lebenshaltung sein, die das Kind selbst annimmt. Auf der anderen Seite gibt es gelegentlich schlichte Mütter, die eine fröhliche Zuversicht haben. Da kann man sich manchmal wundern: Auch wenn eine solche Mutter gegen alle möglichen Regeln verstößt, dann übernimmt das Kind doch diese fröhliche Zuversicht und entwickelt sich manchmal viel freier und besser als ein anderer Sprößling, der so gewissenhaft gehegt wurde.

Das Buch ist entstanden aus jahrelanger Arbeit des Ehepaares Schoenaker auf verschiedenen Feldern, mit dem einheitlichen Ziel der Ermutigung. Es steht viel dahinter an theoretischem und praktischem Wissen, an methodischer und therapeutischer Erfahrung. Eine wichtige Grundlage des Konzeptes ist die Arbeit von Alfred Adler und Rudolf Dreikurs. Dieser Hintergrund wird in den Berichten hier und da auch explizit erwähnt. Trotz seiner Bedeutung soll er nicht Thema des Buches und auch nicht des Vorwortes sein, hier sei auf das Literaturverzeichnis verwiesen.

Aus den Berichten spricht viel Leid - mehr Kummer und Leid als die Freude am Erleben des Kindes. Dennoch können diese Berichte in der Tat helfen, Eltern zu ermutigen. Das liegt an der Art, wie diese leidvolle Erfahrung angenommen und verarbeitet wurde. Diese Menschen hadern nicht mit sich und der Welt. Sie haben sich versöhnt mit sich, mit ihrer Vergangenheit - und mit ihren Kindern. Das gibt eine neue, stabile Grundlage, auf der das Leben und das Zusammenleben gestaltet und entwickelt werden kann. Ich glaube, diese Berichte können vielen Eltern und vielen Kindern helfen.

Kinder möchten dazugehören, möchten mitmachen, mitreden. Wenn sie das dürfen, geht alles viel leichter. Muß ein Kind erfolgreich sein? Es muß gar nicht, aber ich traue es ihm zu. Müssen Sie gute und erfolgreiche Eltern sein? Sie müssen gar nicht, aber ich traue es Ihnen zu. Wenn Ihr Kind Ihre Nähe spürt, fröhlich und zufrieden ist, dann ist das ein gutes Zeichen. Wenn sich die Eltern dabei wohlfühlen, dann ist es noch viel besser!

Teilnehmen können an der Entwicklung von Kindern, an der Art, wie sie die Eltern erobern - das ist etwas Wunderbares und Bereicherndes. Man hat nur eine begrenzte Zeit, das zu erleben, und sollte diese Zeit nützen.

Diese Berichte sind aus der Ermutigungsarbeit (des »Encouraging«) entstanden, das ist kein Zufall. Es gehört ein hoher Grad von Ermutigung und Ich-Stärke dazu, sich und sein Wirken als Mutter und Vater so klar und selbstkritisch zu sehen, so offen zu denken und zu schreiben.

Dr. med. Albrecht Schottky
Facharzt für Psychiatrie und Neurologie, Psychotherapeut und Lehranalytiker der DGIP, Chefarzt des Nervenkrankenhauses Schloß Werneck.

Entmutigende Erfahrungen Ermutigende Erkenntnisse

1.1. Herzlich willkommen!

Herzlich willkommen zu dieser bemerkenswerten Gemeinschaftsarbeit über Kindererziehung. Die Qualität der nächsten Generation ist abhängig von der Qualität der Erziehung, die die Eltern und in erster Linie die Mütter ihren Kindern zuteil werden lassen. Für diese - im Strom der Generationen mit Ausblick auf die Zukunft - wichtigste und weitreichendste Aufgabe, sind wir am wenigsten vorbereitet.

Wären wir selbst stabiler, weniger ich-bezogen und wären wir besser vorbereitet auf die verschiedenen Spannungs- und Konfliktsituationen in Ehe und Familie, und hätten wir etwas Erfahrung in der Wirkung von Ermutigung sammeln können, so würden wir es wahrscheinlich besser machen. Die vielen »äh's« sagen schon, daß die Realität anders ist.

Wir sind nicht immer so stabil, und wir erziehen meistens nach dem, was wir in dem Moment für richtig halten und erkennen zu spät, daß das oft das Modell ist, das wir durch unsere Eltern kennengelernt haben, und daß wir so unsere eigenen Kindheitserfahrungen auf unsere Kinder übertragen. Dazu kommt, daß wir Verhaltensweisen und Neigungen, die wir an uns selbst nicht mögen, in unseren Kindern wiederfinden und sie, meist unbewußt, im Kind ablehnen oder bekämpfen. Nach einiger Zeit, früher oder später, stellen wir fest, daß das Kind nicht so geworden ist, wie wir es uns vorgestellt haben. Selbstvorwürfe, Schuldgefühle, Rechtfertigungen, Verdrängung helfen uns, uns nicht mit den Ursachen in uns und den wirklichen Vorgängen zu beschäftigen … und bei alledem wollten wir alle, wenn wir die Wahl gehabt hätten, die besten Eltern der Welt sein.

Hier ist ein Buch, in dem Fachleute zu Ihnen sprechen. Sie kennen die Erziehungsprobleme durch die Hochschule der persönlichen Erfahrung, die sie durchliefen. Es sind nämlich Eltern und Alleinerzieher, die den Mut hatten, zurückzuschauen auf Entwicklungsprozesse in der Erziehung, ihr eigenes Leid noch einmal durchgingen und versuchten, das Leid des Kindes nachzuvollziehen und schließlich den Mut hatten zu akzeptieren, daß die Situation des Kindes jetzt so ist und nicht anders. Ich spreche daher von Mut, weil akzeptieren, zu den Folgen stehen, das Beste tun, was man kann, bekanntlich mehr Mut erfordert, als resignieren oder mit Entschuldigungen leben. Sie tun das zu einer Zeit, wo sie durch die Begegnung mit der Individualpsychologie und mit dem Prinzip der Ermutigung im besonderen, fähig sind, über sich und neue Möglichkeiten zu urteilen.

Einige Erzieher veröffentlichen - mit Zustimmung der Kinder - ihre Geschichte unter ihrem eigenen Namen, andere unter einem Pseudonym. Finden Sie, als Leser, sich in einem dieser Aufsätze wieder, möchten Sie Ihre Situation mit der Autorin oder den Eltern besprechen, so schreiben Sie an das Rudolf-Dreikurs-Institut für soziale Gleichwertigkeit, Rudolf-Dreikurs-Weg 4-6, 36391 (bis 1.7.1993: 6492) Sinntal-Züntersbach. Ihre Post wir dann weitergeleitet.

1.2. Keine Zeit und unerwünscht

Ich heiße Elfriede Ferstl und bin 53 Jahre alt, mein Sohn heißt Jürgen und ist 33 Jahre alt.

Mein Kind wurde mit etwa 16 Jahren kriminell, machte Schulden und kam dadurch bei der Arbeit, in der Familie und später in seiner Ehe in große Schwierigkeiten. Er war 22 Jahre alt, als ich ihn zum ersten Mal so annahm, wie er war, ihn nicht mehr bestrafte, nicht mehr überprüfte und ihm keine Vorwürfe mehr machte, und von da an begann seine Umkehr. Er hat es heute nach über 10 Jahren alleine geschafft, wieder ein einigermaßen normales Leben zu führen. Und ich weiß jetzt, daß alles, was er dazu brauchte, war, von mir angenommen zu werden.

Es begann schon vor der Geburt. Ich wollte das Kind nicht, meine damalige Lebenssituation war der Grund dafür. Ich hatte bereits ein Kind und meine Ehe war sehr unglücklich. Ich heiratete wegen des ersten Kindes. Gleich nach der Geburt des ersten Kindes wurde ich wieder schwanger, und ich habe mich die ganzen neun Monate der Schwangerschaft gegen dieses zweite Kind, Jürgen, gewehrt. Wir hatten eine Gaststätte, wo ich selbst viel mitarbeiten mußte, und so hatte ich absolut keine Zeit für ein Kind. Er war mir im Wege. Das erste Kind hatte ich tagsüber in der Küche der Gaststätte, aber wohin mit dem zweiten Kind? Jürgen war im Gegensatz zu dem ersten Kind sehr schwierig vom ersten Tag an. Er schrie Tag und Nacht, sein Bruder hingegen hatte immer geschlafen und schrie fast nie. Ich stellte das Kinderbettchen in ein Zimmer im ersten Stock und bin alle vier Stunden hinaufgegangen, um ihn zu füttern und die Windeln zu wechseln. Ich hatte nie Zeit, ihn im Arm zu halten oder mich mit ihm zu beschäftigen. Er verbrachte die ersten Monate seines Lebens ganz alleine in diesem abgelegenen Zimmer. In der Nacht ließ ich ihn schreien, denn ich dachte, das wäre die beste Methode, ihm das Schreien abzugewöhnen. Heute weiß ich, daß sein Schreien ein einziger Hilferuf war, weil er so alleine und verlassen leben mußte und sich nicht zugehörig oder angenommen fühlen konnte. Nach einigen Monaten gab ich ihn zu einer Pflegefamilie. Nach kurzer Zeit brachte ihn die Frau wieder zurück, weil sie mit ihm nicht klar kam, er schrie immer nur. Dann nahm ich ein Kindermädchen, das es aber nicht lange mit dem Kind aushielt. Mit knapp vier Jahren gab ich ihn den ganzen Tag in den Kindergarten. Und abends wieder dasselbe: alleine in einem dunklen Zimmer. Ich hatte ja in der Gaststätte zu arbeiten. Im Kindergarten fiel er dann auch bald unangenehm auf. Widerspenstig, ungehorsam, nicht spielen können, immer stören, und bald begann er dann mit dem Stehlen, und damit begann erst richtig sein Leidensweg. Ich bekam Angst, daß er kriminell wird. Ich fing an, ihn zu bestrafen, drohte ihm immer wieder, ihn ganz wegzugeben in ein Heim. Er bekam Schläge, Schimpfe, ich war völlig entmutigt und machte mir die schlimmsten Vorstellungen, was einmal aus diesem Kind werden sollte. Ständig verglich ich ihn mit seinem älteren Bruder, der brav und lieb war. Jürgen reagierte mit Auflehnung und Widerstand gegen jede Autorität. Die Strafen wurden immer mehr. Liebesentzug, entmutigen und dann wieder Belohnung, wenn er etwas gut machte, was aber selten vorkam. Er war immer der Bösewicht, auch bei den anderen Familienmitgliedern. Meine größte Entmutigung war meine Angst vor den anderen Leuten, wenn sie merkten, daß Jürgen log und stahl, und meine Angst vor der Zukunft.

Als er dann in die Schule kam, wieder das gleiche. Kein Lehrer kam mit ihm zurecht. Ständig mußte ich zu den Lehrern kommen und mir die Beschwerden über den ungezogenen Jürgen anhören. Dies alles aber bestätigte in mir den Glauben, daß es an dem Kind lag. Niemals suchte ich bei mir selbst nach dem Fehler. Ich glaubte tatsächlich: Er ist als schwieriges Kind geboren worden, und ich kann tun, was ich will, er kann sich ja gar nicht ändern. Jürgen geriet dann in schlechte Gesellschaft. Er fühlte sich nur noch wohl bei Kindern und Menschen, wo er sich wenigstens verstanden und zugehörig fühlen konnte.

Es gab da eine Parallele zu meiner eigenen Kindheit. Meine Mutter verbot mir den Umgang mit Kindern aus den unteren Gesellschaftsschichten, aber ich fühlte mich bei diesen Menschen am wohlsten und auch verstanden.

Je älter Jürgen wurde, desto mehr zeigte sein Verhalten kriminellen Charakter, und als er 20 Jahre alt war, kam es dann zu Gerichtsverhandlungen wegen Betrug, Diebstahl, Fälschungen usw., und er sollte eingesperrt werden.

Er hatte mir all die Jahre fast nichts mehr erzählt und war auch schon von zu Hause ausgezogen, da ich ihn nicht mehr zu Hause wollte. Er kam vom Gericht direkt zu mir, und ich war vollkommen schockiert und dachte instinktiv: »Ich habe ja gewußt, daß er einmal im Gefängnis endet.« Der Schock muß aber so groß gewesen sein, daß sich bei mir ganz plötzlich eine innere Erkenntnis einstellte, und ich wußte schlagartig, daß ich alles falsch gemacht habe. Ich nahm ihn in den Arm und sagte: »Ich liebe Dich, so wie Du bist, und alles, was jetzt kommt, hat nichts zu tun mit meiner Liebe zu Dir.«

Wir waren beide fassungslos über den plötzlichen Wandel meines Verhaltens. Von da an machte ich ihm nie mehr Vorwürfe, ich überprüfte ihn nicht mehr, ich verlangte keine Beweise mehr und ließ meine Erwartungen fallen. Ich gab ihm immer wieder zu verstehen, daß ich ihn liebe und annehme, so wie er ist.

Warum Jürgen so schwierig war, wurde mir aber erst jetzt klar, als ich anfing diesen Bericht zu schreiben. Ich habe ihn nicht angenommen, und er konnte sich nie zugehörig fühlen… schon nicht, als er noch in meinem Bauch wuchs.

Wie ich es hätte anders machen können

Aus der heutigen Sicht weiß ich sehr viel, was ich besser und anders hätte machen können.

Als allererstes hätte ich in dem damaligen Zustand (unglückliche Ehe, keine Zeit für ein Kind wegen des Geschäftes) auf keinen Fall ein Kind haben dürfen. Wenn man ein Kind zur Welt bringt, dann muß man auch vorher dafür sorgen, daß dieses Kind in eine für das Kind notwendige Geborgenheit und Atmosphäre kommt.

Ich hätte z.B. trotz des Geschäftes Zeit für das Kind haben müssen, vielleicht für meine Arbeit im Betrieb eine Angestellte nehmen sollen, anstatt des Kindermädchens. Ich habe Arbeit wichtiger gemacht als das Kind. Mein Mann war sehr ehrgeizig mit dem Geschäft und dem Geldverdienen, und so hatte er nicht erlaubt, eine Angestellte zu nehmen, ich aber hätte zum Wohle des Kindes darauf bestehen müssen. Es wäre dann auf jeden Fall noch besser gewesen, das Körbchen mit dem Baby in die Küche der Gaststätte zu stellen, und so dem Kind die Möglichkeit zu geben, unter Menschen und bei der Mutter zu sein.

Beim ersten Kind hatten wir während der ersten drei Monate eine Kinderschwester, und danach war das Kind immer mit im Geschäft. Das war alles kein Problem, weil es immer so still und brav war und nie durch Schreien störte. Es hatte genau das, was Jürgen immer fehlte.

Eine andere Art meiner Bestrafung hat ihn völlig entmutigt, das Einsperren in sein Zimmer als Hausarrest. Genau das hätte ich auf keinen Fall tun dürfen. Es hat ihm das Gefühl des Nichtdazugehörens und Ausgestoßenseins erst richtig bewußt gemacht. Ich hätte ihm das Gefühl geben müssen, wichtig zu sein, und ihm Aufgaben und Verantwortung übertragen sollen. Auf keinen Fall hätte ich sagen dürfen: »Du wirst einmal kriminell«, wenn er gelogen hatte. Ich weiß jetzt: Weil er Angst vor Strafe und Angst vor meiner Abwertung hatte, deshalb hat er gelogen.

Wenn er einen Freund verlor, was sehr häufig passierte, hätte ich ihn trösten und ermutigen müssen; ich aber sagte: »Weil Du so schlecht bist, will niemand bei Dir bleiben!«

Seitdem ich damals nach der Gerichtsverhandlung mein Verhalten ihm gegenüber völlig änderte, ist auch vieles mit ihm besser geworden. Von der Kriminalität kam er völlig los. Er will aber immer beweisen, daß er etwas wert ist durch materielle Dinge, z.B. teure Autos, perfekte Kleidung, Haus bauen, Ehrgeiz bei der Arbeit. All diese Dinge sind für ihn ganz wichtig. Er glaubt mir nicht, daß ich ihn liebe, so wie er ist. Ich hoffe nur, daß auch das noch mit der Zeit kommen wird. Er wurde so viele Jahre entmutigt, da wird es ein langer Prozeß sein, bis er Selbstwertgefühl und Angenommensein erleben kann. Wenn er jetzt oft in übertriebener Art seine Erfolge darstellt, dann sage ich nur: »Ich weiß doch, daß Du okay bist.« Das hätte ich aber in seiner Kindheit tun sollen, dann wäre sein ganzes Leben vielleicht viel leichter gelaufen.

Elfriede Ferstl

1.3. Der Fernsehknopf

Silke - meine Tochter und heute zwölf Jahre alt - ist ein liebenswertes Menschenkind, das bei manchen Dingen, die mit Koordination bestimmter Handlungsabläufe zusammenhängen, sehr begriffsstutzig sein kann, und, so vermute ich, mitunter auch bewußt begriffsstutzig sein will.

Sie war ungefähr zwei Jahre alt, als ich ihr ziemlich regelmäßig Donnerstag abends den Fernseher anstellte, damit sie die »Sendung mit der Maus« sehen konnte. Aus dieser Situation heraus ergab sich immer öfters, daß sie selbst den Fernseher anmachen wollte. Dies gelang ihr jedoch nicht, da sie den Knopf versuchte einzudrücken, anstatt ihn herauszuziehen.

In der ersten Zeit reagierte ich noch geduldig. Bald jedoch beanspruchte mich ihr kleiner, halbjähriger Bruder Jens fast rund um die Uhr. Er mußte - nach meinen damaligen Begriffen der Notwendigkeit - laufend gestillt werden, da er wegen einer schweren Magen-Darm-Infektion bis auf die Haut und Knochen abgemagert war. Da ich mit den beiden kleinen Kindern kaum fertig wurde und mein Haushalt erst recht liegen blieb, wurde die Familienatmosphäre immer ungemütlicher, ich immer gereizter und damit auch ungeduldiger. Die Sache mit dem Fernsehknopf ist mir dabei nur allzu deutlich in Erinnerung geblieben. Ich weiß es noch wie heute, daß ich nicht nur einmal meine Tochter angeschrien habe, weil sie in meinen Augen nicht »kapieren« wollte, wie dies nun geht. Ich sehe mich immer noch in der Situation, in der ich meine eigene Tochter als »zu blöd« befunden habe, einen Fernsehknopf zu betätigen.

Es war ein Kreis, den ich nicht mehr unterbrechen konnte/wollte: Mein ehemaliger Mann flüchtete in das Vereinsleben, weil ihm die Kinder zu laut waren, die Wohnung meist nicht aufgeräumt und sauber war und meistens auch ausgerechnet das Hemd nicht gebügelt war, das er anziehen wollte. Ich gab wiederum meine Entmutigungen - ich sei zu blöd, einen Haushalt zu führen und die Kinder ruhig zu halten - unüberlegt an meine Tochter weiter und blockierte damit ihr gegenüber jegliches Verständnis des Nachvollziehens einer für mich einfachen Handlung - dem Herausziehen eines Fernsehknopfes. Eine eigentlich lächerlich »kleine« Angelegenheit, aber mit fast unüberschaubaren Auswirkungen. Silke verlernte durch meine Ungeduld mit ihr, sich selbst gegenüber geduldig zu sein und trägt heute noch Narben davon.

Wie ich es aus heutiger Sicht hätte besser machen können

Aus heutiger Sicht ist meine damalige Handlung schwer zu begreifen. Die Auswirkungen, die ein Fernsehknopf haben kann, war mir nicht bewußt. Ebenfalls nicht, daß es sich eigentlich nicht um den Fernsehknopf handelte, sondern daß da ein riesengroßer Rattenschwanz von Gefühlen, Aktionen und Reaktionen dahinter steckte.

In der Situation selbst sehe ich heute vier Schwerpunkte, die ich zur damaligen Zeit nicht beachtet hatte:

a) Silkes Begriffsstutzigkeit und die Gründe:

Silke wollte und brauchte Zuwendung. Sie war fast zwei Jahre ein Einzelkind, und es fiel ihr schwer, mich mit ihrem kleinen Bruder, der 23 Monate nach ihrer Geburt auf die Welt kam, zu teilen. Und mit Sicherheit deshalb, weil man sie - nachdem der Bruder auf der Welt war - nicht genügend beachtete. Mein damaliger Mann hatte aus seiner ersten Ehe eine Tochter in unsere Ehe gebracht, die zwölf Jahre älter war als Silke. Er hatte nun endlich nach zwei Mädchen seinen Stammhalter und verwöhnte ihn daher schon von vornherein mit wesentlich mehr Aufmerksamkeit als Silke. Und ich verwöhnte ihn mit meiner übertriebenen Fürsorge, einerseits, weil er so krank war, und andererseits, weil ich es genoß, Jens zu stillen. Heute würde ich erst dafür sorgen, daß Silke, vielleicht sogar mit mir zusammen, die »Sendung mit der Maus« sehen könnte und würde mich dann mit ihr zusammen hinsetzen. Danach wäre dann der kleine Bruder dran, sodaß auch sie lernen könnte, dies zu akzeptieren.

b) Silkes Begriffsstutzigkeit an sich:

Ich halte ein zweieinhalbjähriges, normal entwickeltes Kind heute für fähig, seine eigenen Grenzen selbst setzen zu können. Wenn Silke es also vorzieht, mit ihren zweieinhalb Jahren den Fernsehknopf nicht herausziehen zu können, dann kann sie auch keine »Sendung mit der Maus« sehen - sofern man es, und das wäre eine weitere Überlegung von mir heute, überhaupt will, daß ein kleines Kind bereits technische Geräte dieser Art bedienen kann.

Es heißt bei Dreikurs/Grey, »Kinder lernen aus den Folgen« »Jüngere Untersuchungsergebnisse haben die Meinung bestätigt, die wir schon seit Jahren vertreten, daß nämlich die große Mehrheit von Leistungsschwächen, vor allem auf geistigem Gebiet, die Folge von Entmutigung und nicht angeborene Unfähigkeit ist« (S. 31).

Weiterhin heißt es aber auch in diesem Buch: »Um das Kind zu ermutigen, müssen wir ihm erlauben, Risiken einzugehen« (S. 41).

»Niemand muß mit einem Kind streiten, wenn er es nicht will. Und wenn er es dennoch tut, verletzt er den ersten wichtigsten Grundsatz bei der Lösung von Konflikten« (S. 71).

»Konflikte können nur durch Teilhabe an der Entscheidung gelöst werden, durch gemeinsame Verantwortung. Mitarbeit muß gewonnen statt gefordert werden, d.h. die Gegner müssen sich zugunsten des Friedens statt des Krieges entscheiden. Logische Folgen erlauben jedem, besonders dem Kind, sich zu entscheiden, wie man auf eine neue Lage antwortet« (S. 69).

Fazit wäre für mich also gewesen: Silke ermutigen, ihr die Chance geben, durch logische Folge zu lernen, und wenn sie es nicht macht, kann sie eben keine »Sendung mit der Maus« sehen.

c) Meine Handlungsweise und ihre Rahmenbedingungen:

Da ich jetzt erkennen kann, daß es nicht um den Fernsehknopf an sich ging, sondern daß es sich hier um einen Machtkampf handelte, kann ich heute Probleme schon eher an der Wurzel packen. Eine Entmutigung, die ich von anderer Seite erfahren habe, muß sich nicht so auswirken, daß ich sie an Hilflose weitergebe. Heute würde ich herausfinden wollen, warum ich entmutigt worden bin, und dies vom Ansatz her bearbeiten. Ein Weitergeben der erfahrenen Entmutigung an einen Dritten ist unfair, nicht nur dem Dritten, dem Unbeteiligten, gegenüber, sondern auch sich selbst gegenüber, denn man beraubt sich einer weiteren Selbsterkenntnis.

d) Meine Handlungsweise an sich:

Es gibt den Spruch: »Ich bin ich, und so wie ich bin, bin ich gut genug«. Gerade diesen für mich zum Leitsatz gewordenen Spruch wende ich heute bewußt bei Silke an, die mir immer noch mit solchen Bemerkungen kommt: »Ich kann das ja doch nicht«, »Ich schaffe das nie«, oder stattdessen anfängt zu knatschen oder sogar zu heulen. Silke durchläuft seit Anfang des Schuljahres bei ihrer Englischlehrerin wieder eine solche Situation, wo sich eine Erwachsene(!) vor die Klasse stellt und wortwörtlich den Kindern »beibringt«, daß sie ja eigentlich ein Wissen gleich Null haben, und daß da nichts da wäre, womit sie, die Lehrerin, etwas anfangen könnte. Hier konnte ich nicht einfach Dreikurs mit seinen logischen Folgen anwenden, sondern mußte mein Kind bewußt mit sehr viel Ermutigung »mästen«, und zwar ohne die Unterstützung der Lehrerin. Heute bringt Silke in Englisch Vierer nach Hause, worauf wir beide bereits sehr stolz sind.

Mein Bezug auf die Entmutigung von damals wäre ein sehr vernichtender, wenn ich mir nicht selbst den Satz »Ich bin ich, und so wie ich bin, bin ich gut genug« ganz fest eingeprägt hätte. Durch das Akzeptieren meiner Person, mitsamt meinen Handlungen - auch den damaligen, denn zum damaligen Zeitpunkt wußte ich es ja nicht besser -, kann ich heute die Menschen in meiner Umgebung akzeptieren, wie sie sind. Und mit dieser Akzeptanz als Basis kann ich wiederum auch sehr gut - und vor allem ehrlichen(!) Herzens - Ermutigung aussprechen, ganz besonders da, wo ich sehe, daß sie fehlt.

Iris Lehnert

1.4. Nein danke, ich brauche Deine Hilfe nicht

Franziska, Paul, Margarete und Juliane - so heißen meine, damals noch »unsere« Kinder. Sie sind inzwischen erwachsen und gehen mutig ihren Weg.

Bevor ich mich hinsetzte, um diese Zeilen zu schreiben, führte ich mit jedem Einzelnen ein längeres Gespräch. Zu Beginn fragte ich sie, wie sie meine - unsere - Erziehung erlebt hätten, was sie entmutigt hätte, und wie sie heute damit umgehen würden.

Übereinstimmend kam die Rückmeldung, daß sie sehr viel Entmutigung erfahren hätten. Die Älteste hat mit Sicherheit am meisten davon abbekommen, und jeder hatte auf seine eigene Weise darauf reagiert. Franziska berichtet: »Das Schlimmste war immer, wenn Du auf Funkstille gemacht hast!« Du hast mich dann einfach aufs Zimmer geschickt und wolltest nichts mehr mit mir zu tun haben! Ich weiß heute noch nicht, was ich eigentlich so Schlimmes angestellt habe! Und ich hatte das Gefühl, daß das nie mehr gut wird, denn wenn ich kam und fragte, ob ich Dir wieder, wie sonst auch, im Haushalt helfen könne, dann war Deine Antwort: 'Nein, danke, ich brauche Deine Hilfe nicht!' Das war das Schlimmste.« - Es ist müßig, dazu etwas zur Rechtfertigung zu sagen. Erklärend kann ich an diesem Punkt etwas zur Familienkonstellation hinzufügen: Mein Mann, 20 Jahre älter als ich, Arzt, einziger Sohn, sehr belesen, von umwerfendem Charme, hatte eine feste Vorstellung von dem, wie eine »Arztfamilie« aussehen und sich verhalten sollte. Es stellte sich relativ bald heraus, daß ich diesen Ansprüchen wohl nie würde genügen können. - Ich war Krankenschwester, und ich hatte mit dieser Berufswahl bereits die Erwartung meiner Eltern bei weitem unterboten. (O-Ton Vater: »Eine Schwester hält man sich, eine Schwester ist man nicht!«)

Mein Mann hat in den 23 Jahren, die unsere Ehe dann doch hielt, mein Elternhaus niemals betreten dürfen. Die Nichtbeachtung, die ihm zuteil wurde, war ein steter Dorn im Fleisch unserer Ehe. Ich war aber der festen Meinung, daß sich, wenn ich und die Kinder nur recht lieb und fleißig seien, alles zum Guten wenden würde.

Es galt also, »liebe, fleißige, ordentliche, pünktliche, erfolgreiche« Kinder zu haben. Und wenn meine Älteste die ununterbrochenen Bemühungen um aufgeräumte Schubladen, tadellos geschriebene Hausaufgaben usw. erfolgreich mit passivem Widerstand neutralisierte, so dauerte es gar nicht lange, und ich war mit meinem Latein am Ende. Ich hatte doch auch immer folgen müssen!

Und wie! Viel mehr, als ich es nun von ihr verlangte. Und wenn weder »gutes Zureden«, noch Erklärungen, noch Ohrfeigen, noch sonst irgendwas half, wenn jedes Wort, jeder Blick nur noch Waffe waren im Kampf, dann fiel mir nichts besseres mehr ein, als entmutigt aufzugeben, das Kind ins Zimmer zu verweisen, von allen Aktivitäten auszuschließen, mich dabei zwar miserabel zu fühlen, aber ich war eben auch echt ratlos.

Paul ist ganz anders geartet. Er sagt zu mir: »Du hast mir doch immer gesagt, ich sei nicht musikalisch ... und? Ich habe als Schüler noch ein Stipendium an der Musikhochschule Graz bekommen und Klassische Gitarre studiert! Du hast auch immer behauptet, ich sei für Fremdsprachen nicht begabt ... und? Heute spreche ich fließend Englisch, war mehrmals in den USA und will, wenn es irgendwie geht, dort noch meinen Master of Law machen. Weißt Du, ich habe, wenn ich so was hörte, immer gedacht: »Na warte, Euch zeig' ich's! Ja, wenn ich Entmutigung wittere, ist Kampf angesagt, auch heute noch.«

Margarete sagte zu mir: »Weißt Du, ich hatte es schon leichter als die Großen. Ich war das Lieblingskind von Vater, und, da ich oft krank war, habt ihr mich nicht so entmutigt. Aber es hat mich schon arg getroffen, daß Du mir mal gesagt hast, ich sei halt nicht so begabt wie Paul, wenn auch sehr fleißig, und ich könnte so gut mit Kindern umgehen. Ich solle lieber nicht studieren, sondern was mit Kindern machen. Nun studiere ich, aber ich habe immer noch das Gefühl, noch mehr leisten zu müssen, auch wenn ich gar nicht mehr tun kann.«

Die Jüngste, Juliane, sagte mit herrlicher Unbekümmertheit: »Ach, weißt Du, Mutter, ich habe mich nie sonderlich entmutigen lassen! Ich habe immer gemacht, was ich wollte, und Du hast mich auch viel mehr freigelassen als die anderen. Du hast ja dann auch schon im Rudolf-Dreikurs-Institut die Sozialtherapien gemacht und uns immer alles erklärt. Also, ich finde mich nicht entmutigt. Natürlich hast Du auch zu mir oft Blödsinn gesagt, aber ich habe das nie so ernst genommen.«

Wie ich aus heutiger Sicht es hätte besser machen können

Ehrlich gesagt, mir standen die Haare zu Berge, als ich hörte, was meine Kinder mir zu sagen hatten. So entmutigend soll ich mich verhalten haben? So viel Zeit ist seitdem vergangen, so viel habe ich dazugelernt! Es wäre mir heute gar nicht mehr möglich, mich so zu verhalten wie damals.

Natürlich ist mir klar, daß ich restlos überfordert war und entmutigt obendrein. Tägliches Bemühen um Wohlgefallen bei Mann und Schwiegermutter, gute Arbeit leisten in der Praxis, vier Kinder großziehen, es allen recht machen wollen und damit doch nie zum Ziel kommen, da kann ich mich nur eigentlich wundern, daß meine Kinder nicht mehr Schaden genommen haben!

Irgendwann, vermutlich noch rechtzeitig, geschah das kleine Wunder, daß ich endlich soviel Vertrauen in mich fand, daß ich auch Vertrauen haben konnte in die Fähigkeit meiner Kinder, ihren eigenen Lebensweg - jeder auf seine Weise, zu gehen. Meine Ängste um mögliche Mißerfolge nahmen ab und damit konnte ich dann auch loslassen, sie machen lassen, sie begleiten bei ihren Plänen, selbst dann, wenn sie mir gefährlich schienen, und sie so auf meine Art ermutigen. Vieles an Kummer und Tränen wäre uns erspart geblieben, wenn ich früher etwas von der verheerenden Wirkung von Entmutigung gewußt hätte. Mein Dank gilt meinen Kindern, die Entmutigungen hingenommen haben, den Wert von Ermutigung erkannten und diese heute weitergeben. Die nächste Generation hat begonnen. Meine Enkeltochter wird von beiden Elternteilen nach Kräften ermutigt. Sie hat eine liebevolle, kluge, geduldige Mutter, - eben jenes Mädchen, das seinerzeit so sehr unter meiner Entmutigung zu leiden hatte.

Abschließend noch: Meine Kinder tragen mir mein entmutigendes Verhalten nicht nach. Zuweilen scheint mir, sie sind weiser als ich! Als unsere familiäre und wirtschaftliche Situation völlig hoffnungslos schien, haben sie mich ermutigt. Wie oft hörte ich das hilfreiche: »Mami, das schaffst Du schon.« Sie haben mich ermutigt, die Ausbildung zur Encouraging-Trainerin zu machen. Wir hatten unzählige Gespräche miteinander, und zwei von ihnen, die beiden Ältesten, haben an einem Encouraging-Training mit mir teilgenommen. Uns geht's gut!

Marlies von Dornhagen

1.5. Musterkinder

Ich bin Franz. Ich bin nun 68 Jahre alt. Meine Frau Elisabeth ist 65. Drei Kinder haben wir zusammen großgezogen, die alle längst aus dem Hause sind. Wenn ich manchmal so auf mein Leben zurückblicke, sehe ich nicht nur die schönen Phasen meines Lebens, sondern auch die Zeiten, in denen ich mit der Entwicklung meiner Kinder nicht zufrieden war, und ich weiß heute ganz sicher, daß ich Fehler im Umgang mit ihnen machte.

Ich kann heute erkennen, daß ich einen hohen Anspruch an mich selbst und an meine Kinder hatte. Als Lehrer auf einem Dorf war es mir besonders wichtig, daß meine eigenen Kinder sich vorbildlich verhielten und natürlich Musterschüler waren. Bei Johannes, unserem ersten Sohn, gelang mir dies auch gut. Bei Katharina, die drei Jahre später geboren wurde, gelang es mir weniger gut, und auch auf Lea, die zwei Jahre nach Katharina kam, habe ich mit meinen hohen Ansprüchen, so weiß ich heute, eher einen nachteiligen Einfluß ausgeübt... Ich will Euch mal etwas mehr über Lea erzählen: Sie ist inzwischen 32 Jahre alt, und mit ihr führe ich des öfteren sehr anregende Gespräche, die mich nachdenklich stimmen bezüglich meiner Erziehungsmethoden. Sie ist eine kontaktfähige, anziehende junge Frau, die erfolgreich in ihrem pädagogischen Beruf arbeitet. Sie ist aufgeschlossen und vielseitig interessiert. Mit ihrer täglichen beruflichen Tätigkeit ist sie voll ausgelastet, aber sie bildet sich in Form von Zusatzausbildungen ständig weiter. Ich bin zwar stolz auf sie und freue mich auch über ihre Weiterbildungsbestrebungen, aber manchmal frage ich mich, warum sie das nötig hat, im intellektuellen Bereich so vorwärts zu streben. Es kommt mir manchmal vor, als möchte sie sich selbst etwas beweisen. Vielleicht, so überlege ich mir manchmal, will sie sogar mir beweisen, daß sie intelligent und lernfähig ist. Ich glaube, ich habe ihre Fähigkeiten nie recht anerkannt und vor allem nicht darauf vertraut.

Ja, ich muß zugeben, ich hatte von Anfang an Angst, meine Töchter seien bzw. werden nicht intelligent genug. Bei meinem Sohn hatte ich da mehr Vertrauen. Ich habe auf jeden Fall frühzeitig dafür gesorgt, daß meine Töchter in der Schule gute Leistungen bringen. Das paßte ja auch zu meinem Beruf als Lehrer. Besonders bei Lea habe ich mich stark eingesetzt. Ich half ihr, wo nur möglich, bei den Hausaufgaben und achtete darauf, daß diese ordentlich und genau gemacht wurden. Eine Situation ist mir mit einem negativen Nachgeschmack besonders in Erinnerung geblieben: Ich half ihr, sie war damals 13 Jahre alt, bei einem Aufsatz, den sie als Hausaufgabe zu schreiben hatte. Sie hatte bereits einen Entwurf geschrieben, als ich mit viel Selbstbewußtsein einschritt. Ohne, daß ich etwas sage, steht Lea schon auf und ich setze mich an ihren Platz an den Schreibtisch und lese das Geschriebene durch. Lea steht brav links hinter mir, um meine Kritik und Verbesserungsvorschläge abzuwarten. Ich erinnere mich noch genau. Ich wußte, ich sollte lieber mit ihr sprechen und hören, aber die Lehrerrolle, die als Selbstgespräch in mir ablief, war stärker: »Ich kann doch diese Zeilen so nicht stehen lassen. Dieser Aufsatz hat keinen klar strukturierten Aufbau und die Gedanken sind viel zu sprunghaft aneinandergereiht.«

Ich nahm einen Kugelschreiber und verbesserte Satz für Satz, d.h. ich formulierte die stehenden Aussagen um, schob immer wieder Sätze ein und erklärte genau, warum das so besser sei. So ging ich den Aufsatz durch, bis schließlich am

Ende ein Aufsatz stand, wie ich ihn geschrieben hätte. Es waren meine Worte und mein Sprachstil. Lea stand still und folgsam schräg hinter mir, etwas zusammengeduckt und nickte brav zustimmend zu meinen Erklärungen. Dann stand ich auf mit den Worten: »Jetzt kannst Du es abschreiben.« Ich fragte mich damals nicht, wie sich Lea so hinter mir stehend und über meine Schulter guckend gefühlt haben muß. Ich hätte es tun sollen, denn es war mir nicht wohl dabei. Ich sah nur den Aufsatz vor mir, und ich sah die Lehrerin, die diesen mit Anerkennung lesen sollte, so daß sie einen guten Eindruck von der Begabung meiner Tochter haben würde. Ja, es ging mir im Grunde mehr um mich als um sie. Mit meiner Besserwisserei und meinem Bedürfnis, daß andere gut von ihr denken würden, habe ich meine Wünsche, aber nicht ihre Veranlagung gefördert.

In den weiteren Schuljahren hatte sie zunehmend mehr Angst vor dem Unterrichtsfach Deutsch, und ihr graute vor den üblichen Klausuren, in denen sie eine ausführliche Erörterung über ein bestimmtes Thema schreiben mußte. Sie saß, so erzählte sie mir, die 1. Stunde von den anberaumten drei Stunden völlig blockiert und unfähig, entsprechende Gedanken zum Thema zu entwickeln, ganz zu schweigen davon, sie klar und strukturiert niederschreiben zu können. Und heute, so weiß ich aus Gesprächen mit ihr, ist es für sie mit einem enormen Zeitaufwand und großer Anstrengung verbunden, wenn sie Berichte, welcher Art auch immer, oder Briefe schreiben soll. Sie glaubt: »Das kann ich nicht!« Oft genug traut sie sich auch nicht zu, ihre Gedanken zu äußern, ohne gründlich zu prüfen, ob sie auch klar und klug genug sind. Sicherheitshalber hält sie diese des öfteren zurück und schweigt - oder läßt anderen, die, so wie sie glaubt, es besser wissen, den Vortritt. Ja, die Situation, die ich beschrieben habe, ist nur beispielhaft für meine grundsätzliche Verhaltensweise ihr gegenüber, und sie müssen für Lea wohl sehr entmutigend gewesen sein. Ich weiß und verstehe jetzt wohl, wie sehr mein hoher Anspruch an den Intellekt und mein Bestreben, in Lea diesen hohen Anspruch zu verwirklichen, eher das Gegenteil bewirkt haben. Mein ständiges korrigieren und aufmerksam machen auf unvollkommene Formulierungen und Äußerungen bewiesen Lea immer wieder, daß sie eben zu dumm dazu ist, und so habe ich erreicht, daß sie sich selbst immer wieder aufs Neue beweisen will, daß sie nicht dumm ist. Im tiefsten Inneren glaubt sie nicht wirklich an ihre intellektuellen Fähigkeiten. Sie macht Fort- und Weiterbildungen, und das Gefühl »ich bin dumm« verliert sie offensichtlich nicht.

Wie hätte ich es besser machen können?

Ich frage mich nun: »Wie hätte ich es besser machen können?« Ich glaube, mein größter Fehler war, daß ich ein konkretes Bild vor Augen hatte, wie Lea sein bzw. werden sollte. Ich dachte, ich muß darauf achten, daß aus ihr ein intelligenter, selbständiger und selbstsicherer Mensch wird. Dabei kam mir nie in den Sinn, Lea mit all ihren Fähigkeiten und Liebenswürdigkeiten zu sehen und ihr zu helfen, diese weiterzuentfalten. Ich wollte aus dem Kind etwas machen und glaubte, daß man mit erziehen, bzw. mit ziehen etwas machen kann, und ich habe nicht verstanden, daß Kinder, wenn sie gute Vorbilder haben und in einer ermutigenden Umgebung leben, sich selbst entfalten. Nein, ich richtete meinen Blick meistens auf die Dinge, die sie noch nicht - oder nicht gut genug konnte. Indem ich mir das vor Augen führe, kann ich erkennen, daß ich mit dem gleichen hohen Anspruch auf meine Kinder zugehe, wie meine Mutter auf mich zuging. Es war nicht einfach für mich, den Erwartungen meiner Mutter zu entsprechen, besonders im intellektuellen Bereich. Es war ihr so wichtig, daß ich eine höhere Schule besuchte, um studieren zu können; so wichtig, daß sie ihre Ersparnisse bis zum letzten Pfennig für meine Ausbildung in einem guten Internat ausgab. Ich spürte damals des öfteren meine Überforderung, doch ich gab nie auf, weil ich meine Mutter nicht enttäuschen wollte. Ja, und so gab und gebe ich noch heute oft genug das, was ich in meiner eigenen Kindheit erfahren habe, weiter. Hätte ich damals, als ich Lea bei ihren Schulaufgaben half, und in den vielen anderen, ähnlichen Situationen, ihre Ansätze erkannt, sie ermutigt und meine Hilfe nur angeboten und nicht aufgedrängt, wäre sie unbeschwert an solche Aufgaben herangegangen. Sie hätte sich selbst bestimmt mehr zugetraut und viel mehr Sicherheit bekommen, wenn ich nur die Fragen, die sie hatte, beantwortet hätte, als ihr Antworten zu geben, die sie nicht brauchen konnte. Ich hätte mich mehr erfreuen können an ihrem aufrichtigen Bemühen, die Dinge gut zu machen, als nur auf das Ergebnis zu sehen. Auch hätte ich ihr Selbstvertrauen sicher gestärkt, wenn ich ihr meine Freude an ihren Fähigkeiten gezeigt hätte, anstatt diese als Selbstverständlichkeit hinzunehmen.

Mir ist heute wohl bewußt, daß ich mit meinem ewigen Belehren und Besserwissen Leas Kreativität und Mut abgetötet habe, denn ich ließ ihre Ideen und ihre Art, Dinge anzupacken, nicht wirklich gelten. Sie sollte ihre Wege vielmehr so gehen, wie ich es für richtig hielt, und gab ihr dabei nicht die Chance, ihre eigene Persönlichkeit zu entfalten. Es war mir wichtig, daß die anderen gut von mir, und natürlich von meiner Familie dachten. Ich wollte die Erziehung meiner Kinder so steuern, daß die anderen schließlich voller Anerkennung und Achtung darauf reagieren würden. Verstanden habe ich das heute schon, aber wenn ich ehrlich bin, verhalte ich mich Lea gegenüber noch oft genug entmutigend. Wenn sie z.B. zu Besuch kommt, freue ich mich, aber wenn sie über ihre gewonnene Erkenntnisse und ihre Erfolge erzählt, kann ich es mir nicht verkneifen, ihr gute Ratschläge zu geben, zu sagen, wie man es besser machen könnte, bzw. wie ich es besser gemacht hätte, und ich merke dann zu spät, daß ihr die Lust zum Erzählen vergeht.

Wenn ich also heute nochmal die Chance hätte, meine Kinder zu erziehen, würde ich zuerst bei mir selbst anfangen. Ich würde mich mit meinen Stärken und Schwächen besser kennenlernen wollen und selbstbewußter werden. Dann hätte ich es nicht nötig, meinen Ehrgeiz auf meine Kinder zu übertragen, dann würde ich wissen: »Ich bin ich, und so wie ich bin, bin ich gut genug ... und sie sind's auch.«

Ich glaube jetzt mit 68 Jahren, daß die Eltern, die sich am meisten anstrengen, auch das meiste falsch machen. Sie haben wie ich das Ziel, die Kinder zu etwas Besonderem zu erziehen. (Besonders glücklich, besonders klug, »Vorführkinder« usw.). Darin scheint deshalb schon die Falle zu liegen. Eltern, die glauben, in der Erziehung nichts Besonderes leisten zu müssen und deshalb ihre Kinder sich eher entwickeln lassen, statt zu versuchen, sie in bestimmte Richtungen zu drängen, erziehen - so glaube ich heute - zufriedenere Kinder.

Franz Doyle

1.6. Den Willen des Kindes brechen

Wie ich/wie wir unser Kind entmutigt haben

Wir, mein Mann Wolfgang und ich, haben zwei Kinder erzogen, einen Sohn Thomas, der heute über 30 Jahre alt ist und seit elf Jahren psychisch erkrankt, keinen Beruf hat und in einer Übergangseinrichtung für psychisch kranke Menschen lebt. Unsere Tochter Katja, 1 1/2 Jahre jünger als der Sohn, ist mit 16 Jahren tödlich verunglückt.

Wir waren ein sehr glückliches Elternpaar, mit Kindern, die zunächst wie aus dem Bilderbuch schienen. Von unseren eigenen Eltern hatten wir viele Erziehungsweisen übernommen, ohne lange darüber nachzudenken, ob diese den Kindern nutzen oder schaden würden. Dazu gehörte auch, daß der Wille eines Kindes in der Trotzphase »gebrochen« werden mußte. Wo kämen wir denn hin, wenn wir uns als Erwachsene von den Kindern auf der Nase herumtanzen ließen! Hatte ich doch von meinen Eltern gelernt, daß Kinder immer auf die Bedürfnisse Erwachsener Rücksicht zu nehmen haben, ganz gleich, welche Situation gerade ist. Ich erinnere mich an eine Episode besonders deutlich: Meine Mutter hielt ihr geheiligtes »Mittagsschläfchen«, und ich wußte, zu dieser Zeit hatte ich in meinem Zimmer zu bleiben. Ich war etwa fünf Jahre alt und hatte irgendein Problem beim Spielen, mit dem ich alleine nicht fertig wurde. Ich glaube, einer Puppe hatte ich das Bein ausgerenkt, und ich bekam es nicht wieder in die richtige Stellung. Also lief ich zu Mutter, öffnete die Wohnzimmertür und rief: »Mami kannst Du mir mal....«. Die Antwort war ein donnerndes: »Mach', daß Du rauskommst, Du weißt doch, daß ich jetzt meine Ruhe brauche, ich will Dich den Rest des Tages nicht mehr sehen!!!« Meine Schlußfolgerung daraus war: »Lieber mache ich immer alles alleine, ehe ich mir eine Abfuhr erteilen lasse, wenn ich mal Hilfe brauche.« Meiner Meinung nach hätte meine Mutter wissen müssen, daß ich sie nur im Notfall störe. So fühlte ich mich überhaupt nicht ernstgenommen und ungerecht behandelt. Das also wollte ich meinen Kindern ersparen. Es war uns klar, daß wir unsere Kinder ganz anders und natürlich viel besser erziehen würden, als unsere Eltern das getan hatten: Wenig Verbote, keine Schläge und sehr viel Aufmerksamkeit für die Kleinen. Unser Sohn, der Erstgeborene und in beiden Familien der erste Enkel, war der absolute Kronprinz. Das klügste, schönste und rundum wundervollste Kind der Welt, auf dem die Last einer sechsfachen Erwartung lag. Da ich eine besonders gute und liebevolle Mutter sein wollte, tat ich alles, um meinem kleinen Liebling das Leben zu erleichtern und ihn ängstlich vor den bösen Einflüssen der Welt zu schützen. Es war ein wunderbares Gefühl für mich, dem Kleinen stets und ständig hilfreich zur Seite stehen zu können. Nur wenn ich mich nicht besonders gut fühlte oder etwas Wichtiges zu tun hatte, also in Situationen, in denen ich brave Kinder brauchte, reagierte ich unangemessen hart, im Gegensatz zu meiner sonst sehr nachgiebigen Art. Ein Verhalten, wo die Kinder nie genau wußten, woran sie gerade mit mir waren: Verwöhnung? oder Strafe? Konsequenz fehlte völlig.

Unsere Tochter Katja, die eineinhalb Jahre später zur Welt kam, wurde die größte Bewunderin ihres Bruders, der schon bald nach Katjas Geburt wieder in den Mittelpunkt der Familie rückte, indem er sehr früh anfing zu sprechen. Mit drei Jahren interessierte er sich für Lesen und Rechnen. Er stellte unentwegt Fragen und brachte uns als Eltern dazu, stolz auf ihn zu sein.

In diese Zeit fielen einige Kinderkrankheiten, wo Thomas intensiv unsere Aufmerksamkeit und Hilfe verlangte, indem er auch nachts in unsere Betten kam, weil es ihm so schlecht ging, und er nicht allein sein wollte.

Katja war zufrieden mit Zärtlichkeiten und guter Pflege und tat alles, um frühzeitig selbständig zu werden. Sie erstaunte uns schon ganz früh mit ihrer Selbständigkeit. Als sie ca. zwei Jahre alt war und beide Kinder einen Darmkatarrh hatten, war sie diejenige, die auch nachts alleine auf die Toilette ging, um sich zu übergeben, während Thomas laut weinend vor unserem Bett stand, weil er Mamis Hilfe brauchte. Katjas erstes Wort war nicht etwa Papa oder Mama, sondern »Tom», was deutlich macht, wie sehr der große Bruder ihre Bezugsperson war. Für die Schwester gab sich Thomas lange Jahre als Held, der sie gegen die bösen Kinder im Kindergarten und in der Schule verteidigte. Bei mir, der Mutter, aber war er das ängstliche und hilfsbedürftige Kind.

Thomas, das liebevolle, brave und intelligente Kind, lernte leicht und war ein sehr guter Schüler während der Grundschulzeit. Es war selbstverständlich für uns, daß er das Gymnasium besuchen würde, Abitur machen und anschließend studieren sollte. Außerdem entwickelte er sich zu einem As in der Leichtathletik, und darauf setzte mein Mann Wolfgang große Hoffnungen.

Im Gymnasium ließen seine Leistungen ganz allmählich nach, und trotz Nachhilfestunden und meiner dauernden Hilfe mußte er eine Klasse wiederholen.

Da er der kleinste und jüngste Schüler in seiner Klasse war, merkte er sehr schnell, daß er an diesem Platz keine Chance hatte, mühelos die Nummer eins zu sein. Gewohnt, im Mittelpunkt zu stehen, und zwar ohne Anstrengung, denn die hatte ich ihm ja meistens abgenommen, empfand er die Anforderung, die Lehrer, Lehrplan und Mitschüler an ihn stellten, als zu groß. Sein unbewußtes Leitmotiv wurde aus meiner Sicht: »Wenn ich nicht der Erste sein kann, dann tue ich gar nichts mehr.«

Schließlich wechselte er die Schule, geriet in eine seltsame Clique und gab den Sport auf. Dann kamen Alkoholprobleme dazu. Katja, die Thomas entwicklungsmäßig schon überholt hatte, fing in dieser Zeit an, meine Rolle mit zu übernehmen, indem sie ihn genauso bemutterte und beschützte wie ich. Als Thomas 17 Jahre alt war, verunglückte Katja tödlich. Der Schock ging tief bei uns allen. Wolfgang und ich klammerten uns aneinander, und Thomas meinte wohl, uns helfen zu müssen und erklärte einige Male, er käme schon zurecht, wir sollten uns keine Sorgen um ihn machen. Anstatt die Trauerarbeit gemeinsam zu leisten, ging jeder von uns bald seinen eigenen Weg. Wolfgang arbeitete noch mehr. Thomas flüchtete zunehmend in Alkohol und Drogen, ohne daß wir etwas davon bemerkten. Ich entwickelte eine innere Rastlosigkeit, die mich zu allen möglichen Ablenkungen trieb, auch in einen Job, der mich für drei Monate von zu Hause fernhielt. Diese Reise bedeutete für Thomas noch einen zweiten Verlust: mich als Mutter entbehrte er, trotz gegenteiliger Beteuerungen, sehr.

Katja, die ihm, genau wie ich, viele Steine aus dem Weg geräumt hatte, indem sie für ihn das Zimmer in Ordnung hielt, ihn entschuldigte, wenn wir etwas zu bemängeln hatten, fehlte überall. Thomas hatte nicht nur seine größte Bewunderin verloren, sondern auch seine zweite Mutter. Nach

Katjas Tod zog sich Thomas mehr und mehr zurück, bis es zum völligen psychischen Zusammenbruch kurz vor dem Abitur kam. Es wurde deutlich, wie groß der Zusammenhang zwischen psychischem Abbau und dem Tod der geliebten Schwester war. Thomas' Wahnideen kreisten anfangs ausschließlich um die tote Schwester: er könne sie zurückbringen, indem er sie zum Leben erwecken würde, denn nicht nur er, sondern vor allem wir, die Eltern, brauchten doch das Kind! In dieser Psychose sehe ich rückblickend auch die totale Entmutigung von Thomas, die wir, und besonders ich, ihm zugefügt hatten, als Katja nicht mehr hier war. Die Last einer verdoppelten Erwartung lag auf ihm, er sollte uns die fehlende Tochter ersetzen. Schließlich ist er doch das einzige, was uns geblieben ist. Diese Überforderung führte wohl letztendlich zum Zusammenbruch.

Mir ist noch eine Szene in Erinnerung, in der ich zu Thomas irgendetwas sagte, was Katja in dieser oder jener Situation gemacht hätte, und er ganz wütend antwortete: »Ich bin aber nicht Katja, merk' dir das doch endlich.«

Noch einen anderen Aspekt möchte ich beschreiben: Durch die überhöhten Erwartungen an das Kind, meine Verwöhnhaltung, unsere Ängstlichkeit und durch die frühe Überforderung, haben wir den Jungen systematisch eingeengt und ihm die Chance genommen, sich selbst zu entwickeln. Uns fehlte die Geduld, in Ruhe und Gelassenheit dem Wachsen und der allmählichen Entwicklung zuschauen zu können. Ich habe es auch nicht geschafft, dem Sohn sinnvolle Grenzen zu stecken. Der hochmütige Anspruch, genau zu wissen, was gut und richtig ist für das Kind, hat dazu geführt, daß ich nicht rechtzeitig wahrgenommen habe, wie entmutigend mangelhaftes Einfühlungsvermögen sein kann.

Das fängt beim Wegräumen der Spielsachen an. Einmal sagte ich: »Räum' bitte auf, es kommt Besuch, ich decke in der Zeit den Kaffeetisch!« Hat Thomas dann nicht aufgeräumt und alle Spielsachen liegen noch verstreut im Zimmer, dann bin ich diejenige, die alles schnell wegräumt. Ein anderes Mal hat Thomas keine Hausaufgaben gemacht, weil ich(!) keine Zeit für ihn hatte. Er will am nächsten Morgen nicht in die Schule, wenn ich ihm keine Entschuldigung schreibe. Ich schreibe die Entschuldigung und er zieht zufrieden ab. Ich entschuldige und vertusche auch sehr oft Mängel oder Fehlleistungen von Thomas, damit Wolfgang nicht böse auf ihn wird. In dem Bemühen, ihm alle Steine aus dem Weg zu räumen, habe ich übersehen, wie wichtig es für ein Kind ist und wie ermutigend, wenn es lernt, aus eigener Kraft Schwierigkeiten zu überwinden.

Als der Sohn irgendwann beginnt, eigene Wege zu gehen, noch dazu »Ab-Wege«, reagieren wir betroffen, gekränkt und zuletzt hilflos.

Eines Tages klingelte das Telefon, es ist Weiberfastnacht, und ich habe einen Kreis Freundinnen vormittags eingeladen. Ein Krankenhaus meldet sich und teilt mir mit, daß Thomas mit einer Alkoholvergiftung eingeliefert worden ist und ich ihn nachmittags abholen könne. Er brauche auch frische Anziehsachen. Thomas ist gerade 15 Jahre alt, und für uns Eltern zerbricht eine Idealvorstellung, die wir von Thomas hatten. Katja und ich holen Thomas ab und er bittet inständig, den wahren Sachverhalt nicht in der Schule mitzuteilen. Ich lüge für ihn, auch gegen Wolfgangs Willen. Da ich mich für meinen eigenen Sohn schäme, fällt mir schnell eine Entschuldigung ein. Später sagt er mir, daß die Vergiftung für ihn mehr wie eine Heldentat war - oder eine Mutprobe, die er vor seinen neuen Freunden ablegte.

Nach Katjas Tod entsprach Thomas immer weniger dem Bild, das wir von ihm hatten. Äußere Verwahrlosung, Aufgabe der schönen Hobbys, ungute Freunde und Alkohol führte er uns vor. Wir fühlten uns zuletzt total mutlos und hatten das Gefühl, wirklich alles in der Erziehung falsch gemacht zu haben. Ein Schlüsselerlebnis war für mich folgendes: Nach einer der üblichen, fruchtlosen Auseinandersetzungen mit dem Sohn, die vorwiegend aus Vorwürfen meinerseits bestanden, sagte ich: »Nun denk' doch mal darüber nach!« Seine Antwort: »Denken? Warum soll ich denken? Das tust Du doch für mich!« Die Bemerkung hat mir die Augen geöffnet und mir geholfen, nach neuen Verhaltensweisen zu suchen.

Wie wir es aus heutiger Sicht hätten besser machen können

Als erstes fand ich heraus, daß ich Thomas Verantwortung übertragen kann, für sich selbst und sein Handeln. Mein Denken muß nicht zwangsläufig mit seinem Denken übereinstimmen, und ich bin nicht auf der Welt, für ihn zu denken und zu handeln.

Inzwischen weiß ich auch durch das Encouraging-Training, daß das Allerwichtigste zum Gedeihen eines Kindes das Ermutigen ist. Dazu gehört auch, das Kind in seinem Anderssein zu erfassen, und die Geduld, auf ein Kind einzugehen, zu entdecken, welche Fähigkeiten es hat. Dem Kleinen Zeit lassen. Wenn ich mehr Ruhe und Gelassenheit gehabt hätte, wäre es möglich gewesen, den Sohn alleine seine Hausaufgaben machen zu lassen, anstatt ihm die Aufgaben mehr oder weniger aus der Hand zu nehmen, um ihm mehr Zeit zum Spielen zu ermöglichen. Er hätte gelernt, daß Anstrengung zum Ziel führt, daß Geduld wichtig ist beim Erfüllen einer Aufgabe. So haben wir beide ihm vorgeführt, wie schnell wir sind, und er hatte dadurch selten die Möglichkeit, in seinem Rhythmus eine Arbeit auszuführen.

Heute würde ich Thomas die Entscheidung überlassen, wann er Hausaufgaben machen will: direkt nach der Schule oder nach einer Entspannungspause, und bei der getroffenen Entscheidung dann auch bleiben. Ich würde Hausaufgaben immer alleine machen lassen, und, wenn er sie in einem bestimmten Zeitraum nicht ganz fertig bekommt - oder gar nicht macht, dann ist es seine Sache, es der Lehrerin mitzuteilen. Da er anfangs ein guter Schüler war, war meine Hilfe absolut unnötig!

Beim Thema Aufräumen würde ich heute auch anders reagieren, indem ich mit den Kindern vorher verabreden würde: Wenn Sachen in den Wohnzimmern nicht zu einem bestimmten Zeitpunkt von ihnen weggeräumt worden sind, dann verschwinden diese Spielsachen für eine festgesetzte Zeit auf dem Speicher. Bei dem Beispiel mit der Alkoholvergiftung würde ich heute keinesfalls die Tatsache der Vergiftung verheimlichen. Das Lügen aus Scham oder falschverstandene Hilfsbereitschaft empfinde ich heute als unangemessen und für das Kind nicht hilfreich. Eigene Fehler zu machen und anschließend dafür einzustehen führt ganz sicher eher zu dem Willen, das nächste Mal diesen Fehler zu vermeiden, als wenn eine Person da ist, die hilft, Fehler zu vertuschen. So braucht Thomas sich nicht zu verändern.

Also, Grenzen setzen auch für das Maß an Hilfe und diese Grenzen konsequent einhalten.

Wahlmöglichkeiten geben und dann konsequent die Folgen tragen lassen, das ist ein Verhalten, das wir erst jetzt gelernt haben. Das Buch von Rudolf Dreikurs »Kinder lernen aus den Folgen« - habe ich zu spät in die Hände bekommen.

Unser Sohn Thomas gibt uns auch heute noch Gelegenheit, aufgrund seines Rückzuges in die psychische Erkrankung erzieherische Konsequenz zu üben. Wenn er z.B. am Wochenende ab und zu bei uns ist und zu Freunden in die benachbarte Stadt fährt, seine Geldbörse auf der Garderobe liegen läßt und nur mit der Fahrkarte loszieht, dann hat er eben Pech gehabt. Früher wäre einer von uns sofort per Auto losgefahren, um dem armen Jungen das Geld zu bringen, damit er nur ja einen schönen Tag hat. Inzwischen weiß unser Sohn, daß er nicht mehr der Mittelpunkt unseres Lebens ist (auch wenn er krank ist). Die Loslösung war für alle Beteiligten schmerzhaft. Je mehr wir unserem erwachsenen Kind zutrauen, um so mehr kann es eigenverantwortlich handeln. Das Recht, eigene Fehler und dadurch eigene Erfahrungen zu machen, hatten wir ihm ja auch lange Zeit verweigert. Das Einfühlenkönnen in den anderen, mit seinen Ohren hören und mit seinen Augen sehen, das hat mir sehr geholfen, unseren Sohn zu verstehen und hat dazu geführt, ihn so anzunehmen, wie er ist, nicht wie ich ihn haben will. Die positiven Augen, die ich trainiert habe, sehen all den inneren Reichtum, den dieser erwachsene Mann in sich trägt, und den er allmählich wieder stückchenweise zum Vorschein kommen läßt.

Wir beide, mein Mann Wolfgang und ich, sind jetzt in der Lage, uns anders und sinnvoller zu verhalten als vor 10 Jahren, wo wir uns nur auf die negativen Verhaltensweisen des Sohnes konzentriert haben, bis wir so eingeengt waren, daß wir letztlich nur noch ganz wenige Dinge erkennen konnten, die eigentlich völlig nebensächlich waren: verwahrlostes Äußeres, unaufgeräumtes Badezimmer, schmutzige Küche usw....

Es fehlte jegliche Leichtigkeit und vor allem die positive Sichtweise. Heute erfreuen wir uns an allen Bemühungen seinerseits, sich in die Gemeinschaft einzufügen.

Wir nehmen Ausrutscher nicht so wichtig, und er selber fühlt sich bei uns heute wesentlich freier und sicherer als früher.

Ich bin mir heute ganz sicher, daß unser Sohn seinen Weg geht, daß er in der Lage ist, sein Leben zu gestalten, auch wenn es ein völlig anderes Leben ist, als das, was wir einmal für ihn erträumt hatten, und diese Haltung hilft ihm mehr als alles andere.

P.S.:

Wenn ich unsere Geschichte überdenke wird mir klar, daß Wolfgang und ich mit unseren Kindern genau dasselbe Schema ablaufen ließen, wie es in unserer eigenen Kindheit war. Beide sind wir in einer Zwei-Kind-Familie aufgewachsen. Eines davon sehr verwöhnt und sich dauernd Hilfe holend, das andere Kind mit dem Glaubenssatz: »Ich muß immer alles alleine machen.« ... Faszinierend!

Gabriele Scharnhorst

1.7. Entmutigung durch Verwöhnung

Ich bin alleinerziehende Mutter von drei Kindern, 33 Jahre alt, gelernte Erzieherin und bin selbst das mittlere von drei Kindern. Meine Tochter Ines ist inzwischen 13 Jahre alt und meine Älteste. Sie hat noch zwei jüngere Brüder (11 und 8 Jahre). Ines fühlt sich sofort abgelehnt, ungeliebt und vernachlässigt, wenn sie ihre Ansprüche und Wünsche nicht alle erfüllt bekommt. Sie fällt dann ganz massiv in eine »negative« Rolle und wird zum Haustyrann. Als Ines geboren wurde, war sie nicht geplant, aber doch erwünscht. Der Vater hielt sich aus der aktiven Kindererziehung heraus. War er gezwungen einzugreifen, reagierte er massiv, völlig anders als ich, und die Kinder waren verwirrt. Nach solchen Situationen schlug sich Ines auf meine Seite und ging ein Bündnis mit mir gegen den Vater ein. Dies verlief unbewußt, stillschweigend und rein gefühlsmäßig. Da hatte ich immer ein schlechtes Gewissen, obwohl dies selten und nur dann auftrat, wenn ich mich überfordert fühlte. Während die Kinder das Verhalten des Vaters immer entschuldigten und sich kaum negativ über ihn äußerten, kreideten sie mir mein Fehlverhalten gleich an und es wurde darüber gesprochen. Der Vater war für Sport, Gesellschaftsspiele und Fachwissen, z.B. im Bereich Technik, Handwerk, Biologie usw. zuständig. Für die Bereiche Gefühl, Schwierigkeiten, Probleme, Schule usw. war ich verantwortlich. Diese Bereitschaft, Verantwortung zu übernehmen, habe ich von meiner Mutter angenommen. Da mein Vater oft im Ausland arbeiten mußte, ruhte auf ihr das ganze Familienleben.

Die Problematik unserer Ehe wirkte sich auch entmutigend auf die Kinder aus:

- Ich suchte und wartete auf eine bewußte Entscheidung meines Mannes für meine Person (wir hatten geheiratet, weil Ines unterwegs war).

- Wir waren sehr unterschiedlich und fanden keine gemeinsamen Wege der Problembewältigung.

- Obwohl ich gerne die Verantwortung für die Kinder und für unsere Beziehung übernommen habe, fühlte ich mich alleingelassen und manchmal überfordert.

- Eine ständige Unsicherheit durchzog die Familie, wenn wir den Vater in gemeinsame Aktivitäten einbeziehen wollten.

Ein Beispiel dazu:

Hatten wir geplant, zu einem Familientreffen, zu Freunden oder an den See zu fahren, entschloß er sich häufig, kurz vor der Abfahrt, Fahrrad zu fahren oder Handball zu spielen. Dadurch hielt er sich of unerwartet aus Gemeinsamkeiten heraus. Die Kinder reagierten enttäuscht, und ich fühlte mich gezwungen, die Kinder wieder aufzuheitern, obwohl ich selbst enttäuscht war. Wenn er aber da war und sich Zeit für die Kinder nahm, machte dies auch allen großen Spaß. Unsicherheit prägte auch das Verhältnis Tochter - Vater. Während ihre Erwartungshaltung an mich unheimlich hoch ist, wurde nie eine Erwartungshaltung gegenüber dem Vater sichtbar. Ich selbst habe mich durch meine Eheprobleme sehr auf meine Kinder fixiert. Da Ines die Erste war, hatte ich auch die meiste Zeit, sie zu verwöhnen. Einerseits war sie ein sehr selbständiges, dominierendes Wesen, und wenn sie sich etwas in den Kopf gesetzt hatte, besaß sie auch das Durchsetzungsvermögen dafür. Andererseits war ich für sie dauernd verfügbar. Ihre Wünsche (sofern nicht finanzieller Art) wurden, so oft es ging, erfüllt. Ich ging immer auf sie ein, hatte immer mehr Zeit für sie, und Dinge, die ihr unangenehm waren, nahm ich ihr ab.

Diese Verwöhnung dauerte bis zum 11. Lebensjahr an. Nun zog der Vater aus dem gemeinsamen Haus aus, und ich war, drei Monate nach dem Auszug des Vaters, durch eine Wirbelsäulenverletzung ans Bett gefesselt. In dieser Zeit brauchte meine Tochter viel Zuwendung, die sie z.B. durch viel Zärtlichkeit und intensive Gespräche auch erhielt. Als ich ihr nun aber diese Aufmerksamkeiten, die mit Bewegung zusammenhingen, nicht mehr geben konnte und sie statt dessen »nur« von Oma und lieben Freunden versorgt und betreut wurde, geschah folgendes:

Ich rufe sie an mein Bett, will mit ihr spielen, mit ihr reden, sie in die Arme nehmen - aber sie will nicht! Nach drei bis vier Tagen öffnet sie nur noch die Tür zu meinem Zimmer, um mich zu beschimpfen: »Du bist eine schlechte Mutter, hast den Vater aus dem Haus getrieben, bist egoistisch, und ich frage mich, wieso du überhaupt Kinder gewollt hast, wenn du so bist.« Danach schließt sie schnell die Tür, um mich nicht hören und sehen zu müssen. Mehrere Tage tyrannisiert sie so die Hausgemeinschaft. Meine beiden Söhne sind darüber sehr traurig. Der Kleine weint, wenn er sie hört, und alle stehen unter einem großen Druck. Ich weiß genau, daß ihr Verhalten ein einziger Hilferuf ist. Trotz ärztlichem Verbot stehe ich auf, um mit ihr zu reden. Sie hört mir aber überhaupt nicht zu, brüllt mich an und beschimpft mich. Ich fühle mich ohnmächtig, hilflos, schuldig und überlastet mit der Verantwortung, alles wieder in Harmonie bringen zu müssen. Dazu die Angst davor, daß ich meine Entscheidung, dennoch aufzustehen, nicht verantworten kann. Ich verliere die Beziehung zur Wirklichkeit und schlage sie. Ich bin geschockt - sie auch! Sie läuft weg. Ich falle in mich zusammen. In der Reue versuche ich zu verstehen: Sie fühlt sich jetzt wohl völlig verlassen. »Keiner versteht mich, keiner mag mich, niemand ist für mich da«, hörte ich sie noch rufen, als sie weglief.

Der Vater wurde ihr durch räumliche Trennung genommen, die Mutter durch Streit. Sie ist wohl verunsichert, weiß nicht, wie es weitergeht, ist hilflos, hat ihre Mutter noch nie so erlebt, ist verwirrt und traurig; reagiert aber trotzig nach außen. Ihr Verstand sagt ihr wohl, daß ich nicht aufstehen darf, doch ihr Gefühl sagt ihr, sie sei ungeliebt und vernachlässigt, weil die gewohnte Verwöhnung fehlt. Meine Mutter und Freunde versorgten und betreuten sie wundervoll. Oma ist auch eine sehr verwöhnende, warmherzige Frau, und doch suchte Ines immer meinen Einsatz.

Dieses Verhaltensmuster prägt meine Tochter auch jetzt mit 13 Jahren immer noch. Es vergeht keine Woche, in der ich nicht spüre, daß sie sich wieder ungeliebt und zurückgesetzt fühlt. Immer dann, wenn ihre beanspruchten »Extras« ausbleiben. Sie glänzt in der Schule mit ausgezeichneten Noten, brilliert in einer außergewöhnlichen und teueren Sportart. Durch diese Aktivitäten rückt sie immer wieder in den Mittelpunkt und hat eine Sonderstellung. Trotzdem wird sie sofort auffällig, wenn ihr ein Wunsch abgeschlagen wird. Komme ich ihren Vorstellungen nach, ist Ines ein fröhliches, hilfreiches, bezauberndes und aufgeschlossenes Wesen.

Was würde ich aus heutiger Sicht anders machen?

Zuerst einmal würde ich versuchen, von Anfang an ein harmonisches Verhältnis zwischen den Zeiten der Zuwendung zum Kind, und den Zeiten, die ich auch meiner Entwicklung zugestehen will, zu finden. Dazu gehört, daß ich einer Sechsjährigen nicht mehr immer die Dinge abnehme, die bereits eine Dreijährige bewältigen kann. Ich würde sie ermutigen, auch unangenehme Dinge selbst zu erledigen, natürlich altersgemäß, und sie zu der Erfahrung führen, daß es schön ist, »es geschafft zu haben«.

Ich würde mir öfters Zeit zum Nachdenken bzw. zum Meditieren nehmen und zum besseren Verständnis einer problematischen Situation mir folgende Fragen stellen:

1) Warum verletzen mich ihre Worte so sehr?
2) Was fühlt sie dabei, wenn sie das sagt?
3) Was will sie mit ihrem Verhalten erreichen?

Die Antworten dazu würde ich in ein Heft schreiben, damit sie mir zugänglich bleiben. Für jede Frage eine Seite, um genügend Platz für neue Gedanken und Erkenntnisse zu haben. Damit kann ich dann an mir und unserer Beziehung arbeiten. Wenn z.B. eine Antwort auf die erste Frage meine eigene Unsicherheit und meine Schuldgefühle aus der Ehe sind (ich wollte ja eine gute Mutter und Ehefrau sein), habe ich die Möglichkeit folgendes zu tun:

- meine positiven Eigenschaften suchen, aufschreiben und immer wieder durchlesen;
- meine Grundwerte aufschreiben und immer wieder lesen;
- das Gespräch mit Fachleuten suchen, die auch meine Werte und Ziele vertreten.
- das Positive an meiner Tochter ganz besonders hervorheben, z.B. auch durch Aufschreiben, wiederholtes Lesen und ihr gegenüber auch Aussprechen.

Ich will die kleinen Dinge bei ihr sehen, und mich darüber freuen. Wenn ich ein positives Bild von ihr habe, überträgt sich dies auf sie. Im Encouraging-Training lernte ich eine Übung kennen, die ich oft anwende. Ich tue so, als ob Ines bei mir ist und auf dem Stuhl mir gegenüber sitzt. So rede ich zu ihr und sage, was ich an ihr schätze und wieso ich sie liebenswert finde.

Stände ich in derselben Situation wie damals, müßte ich auch wieder trotz ärztlichem Verbot aufstehen, um an sie heranzukommen. Ich schreibe das 'mal in der Gegenwartsform: Ich gehe in ihr Zimmer, setze mich so, daß sie den Raum nicht verlassen kann (da ich ihr durch meine Wirbelsäulenverletzung nicht ständig folgen kann) und sie mir zuhören muß. Ich sage ihr, daß ich sie sehr lieb habe, daß ich weiß, daß sie traurig ist. Ich bitte sie mir zu helfen, weil ich im Moment nicht erkennen kann, was mit ihr ist. Ich nehme sie in den Arm und streichle sie. Wenn sie das nicht will, schlage ich ihr vor, daß wir uns zusammen auf ihr Bett legen (dort haben wir schon oft viel miteinander besprochen, und es ist unser Hauptkuschelplatz). Ich nehme mir viel Zeit, bei ihr zu liegen, auch wenn sie nicht mit mir sprechen will. Wenn sie ruhiger geworden ist, erkläre ich ihr, daß ich verstehen kann, wie schwierig es für sie ist, daß ich jetzt nicht so voll für sie da sein kann, weil ich krank bin, und daß ich gut verstehen kann, daß sie dadurch das Gefühl hat, nicht geliebt zu sein. Wenn ich ganz sicher weiß, daß wir dieses Problem bewältigen können, so kann ich dies auch gut vermitteln.

Wie gehe ich jetzt mit ihr um?

Ich bemühe mich, mit Konsequenz ihrem Verhalten gegenüberzustehen. Ich zeige ihr, daß ich sie als Person auch bei Schwierigkeiten liebe, daß sie aber die Verantwortung für ihre Taten und die logischen Folgen daraus tragen muß. Ich selbst nehme inzwischen an einem Encouraging-Training teil, das sich sehr positiv auf unsere Beziehung auswirkt. Ich habe ein festes Zutrauen in meine Tochter gewonnen. Sie ist sehr wohl in der Lage zu verkraften, daß diese totalen Verwöhnungselemente in unserer jetzigen Beziehung fehlen, vorausgesetzt, ich zeige ihr, daß ich sie sehr liebe, achte und froh bin, daß es sie gibt. Nicht nur, wenn sie meinem Verhaltensmuster entspricht, sondern besonders dann, wenn sie eigene Vorstellungen und ausgefallene Projekte verfolgt. Daran wachse ich am meisten! Sie soll wissen, daß ich ihre Sorgen und Gefühle ganz wichtig nehme.

Heute, als ihre Art so zu reagieren wieder auftauchte und zu Spannungen führte, habe ich ihr, statt zu reden, auf schönem Briefpapier mit Schönschrift etwas aufgeschrieben:

Liebe Ines, ich finde gut an Dir, daß Du ... In Liebe, Deine Mama!

Es wurde eine ganze DIN-A-4-Seite lang. Dies habe ich ihr dann mit Reißnägeln an die Wand über ihrem Schreibtisch geheftet. Sie hat es nie angesprochen, aber trotzdem konnten wir beide wieder viel besser aufeinander zugehen.

Luise Simon-Uhlmann

1.8. Ich tue alles für ihn

Ich bin 39 Jahre alt, seit acht Jahren geschieden und seitdem alleinerziehende Mutter. Mein Sohn Andi ist heute 21 Jahre alt, er stottert seit seinem siebten Lebensjahr.

Als Andi geboren wurde, war ich 18 Jahre alt. Bei unserer Hochzeit war ich erst 17, mein Mann 23. Er heiratete mich, weil ein Kind unterwegs war. Sehr begeistert war er nicht! Wir wohnten anfangs im Hause meiner Schwiegereltern; dort war ich nicht erwünscht. Andi war also kein Wunschkind, denn ich hatte große Angst vor der Verantwortung für ein kleines Kind; ich war ja selber fast noch ein Kind. So wurde Andi bereits in eine entmutigende Situation hineingeboren. Von Zugehörigkeitsgefühl keine Spur.

Es gibt einige Ereignisse, die sowohl für ihn, als auch für mich entmutigend waren und die mich mehr bewegen, seitdem ich mich mit Psychologie beschäftige. Dadurch verstehe ich nämlich besser, wie falsch mein damaliges Verhalten war, obwohl ich auch einsehe, daß ich kaum anders hätte handeln und reagieren können.

Vergleichen

Ich habe Andi von Anfang an mit dem Sohn meiner Schwester, der acht Monate älter ist, verglichen. Dieser konnte früher sprechen, laufen und war auch schon früh sauber. Auch in unserer Familie wurden die beiden Kinder immer verglichen. Andi schnitt dann immer schlecht ab, und ich als Mutter fühlte mich verantwortlich, betroffen und schämte mich für Andi und für mich. Die Meinung der anderen war mir damals offensichtlich wichtiger, als das Wohlergehen meines Kindes. Ich war so streng mit ihm und bestrafte ihn für seine Schwächen, in der Hoffnung, so seine Entwicklung zu beschleunigen. Ich selber war unglücklich, weil mein Kind nicht meinen perfekten Vorstellungen entsprach. Ich dachte nicht daran, daß ich ihn überforderte und daß er vielleicht mehr Zeit brauchte als andere Kinder.

Keine Zeit

Als Andi 3 Jahre alt war, wurde ich wieder ganztags berufstätig. Wir benötigten das Geld dringend. Er war den ganzen Tag bei einer Tagesmutter. Wir weckten ihn morgens um 6 Uhr, danach mußte alles schnell gehen, es blieb nicht viel Zeit für Andi. Um ca. 18 Uhr holten wir ihn wieder ab. Abends war ich viel zu müde, um noch mit ihm zu spielen und mich aufmerksam um seine Bedürfnisse zu kümmern. Er war mir dann eher lästig. Ich hatte ja schließlich auch noch den Haushalt zu versorgen und wollte Zeit mit meinem Mann verbringen. Ich gab Andi nicht die Liebe und Zärtlichkeit, die er gebraucht und sich bestimmt gewünscht hat, da ich selbst nicht genügend Zärtlichkeit bekam.

Fehler zu wichtig genommen

Zu dieser Zeit fing Andi an mit Bettnässen. Auch wenn wir ihn abends abholten, war er oft naß. Die Tagesmutter beschwerte sich dann bei mir, sie wollte das nicht mehr mitmachen. Mir war das alles sehr unangenehm. Ich konnte mit diesen Problemen nicht umgehen und wollte, daß immer alles glatt verlief. Ich entschuldigte mich bei der Tagesmutter und bestrafte mein Kind. Manchmal schlug ich ihn auch auf den Po. Ich dachte, daß Andi aus Trotz so böse reagierte und einfach nicht auf mich hören wollte. »Es kann doch nicht so schwer sein, Bescheid zu sagen, wenn er auf die Toilette muß«, dachte ich. Ich bestrafte ihn und war ärgerlich auf mich selber, weil ich so hilflos war und nicht wußte, was ich tun konnte. Ich war als Kind selbst Bettnässer und wurde dafür bestraft. »Andi geht es doch gut, ich tue alles für ihn, warum tut er mir das jetzt an?«, waren meine Gedanken. Von Ermutigung habe ich nichts gewußt. Alles Gute fand ich irgendwie selbstverständlich, aber Fehler und Schwächen habe ich mit Strenge bestraft.

Vollkommenheitsanspruch

Als kleiner Junge half Andi mir oft beim Plätzchenbacken. Ich fand es sehr schön, und auch er war mit Begeisterung dabei. Trotzdem hatte ich immer etwas zu bemängeln; wenn er Teig auf den Fußboden bröselte, sah ich nur die zusätzliche Arbeit für mich; den Teig rollte er mir nicht dünn genug aus usw... Ich habe seine Arbeit an meinen eigenen Fähigkeiten gemessen, und so war es nie gut genug. Ich selbst wünschte mir Lob und Anerkennung und kam nicht auf die Idee, sie Andi zu geben. Ich sah alles, so glaube ich, aus dem Blickwinkel meiner Eltern und versetzte mich nicht in die Lage meines Kindes.

Nie gut genug!

Er war immer ein guter Schüler, aber für meine Maßstäbe war er in den ersten Klassen in Rechtschreibung nicht gut genug. Deutsch und Rechtschreibung waren immer meine Lieblingsfächer. Ich erwartete das gleiche von meinem Kind und habe viele Diktate mit ihm geübt und ihm bewußt oder unbewußt gezeigt, wie gut ich es kann und weiß. Er bemühte sich wirklich sehr, und er lernte fleißig. Seine Diktate wurden immer besser. Er war stolz und zufrieden mit seinen Erfolgen, aber ich sah nicht seine Fortschritte, sondern entdeckte neue Fehler. So wurde er entmutigt und verlor die Geduld und die Freude. Ich erwartete, daß mein Sohn meinen eigenen Ehrgeiz erfüllte.

Wie hätte ich es aus heutiger Sicht besser machen können?

Mit meiner Unsicherheit und mangelnden Lebenserfahrung von damals, mit dem Mangel an Verständnis meiner Umgebung für meine Situation, hätte ich es kaum anders machen können. Ich bin jetzt ruhiger und selbstbewußter. Ich arbeite bewußt an meiner persönlichen Entwicklung. Ich wollte, ich hätte damals mehr von mir verstanden und auch die Möglichkeit gehabt, an einem Encouraging-Training teilzunehmen. Dann würde ich versuchen so zu leben, daß es meinem Kind und mir gut geht und wir beide glücklich und fröhlich sind. Ich würde meinen Ärger nicht mehr an meinem Kind abreagieren, sondern mich bemühen, ruhig und gelassen zu reagieren und ihm ein Gefühl von Geborgenheit vermitteln. Ich wäre mir meiner eigenen Stärke und meiner eigenen Fähigkeiten bewußt. Dann bräuchte ich mein Kind nicht mehr für meine Unzufriedenheit verantwortlich zu machen. Ich würde auf jeden Fall nicht mehr hören auf die Ratschläge von Mutter und Schwiegermutter (»Ein Kind muß man schreien lassen, nur nicht verwöhnen«), sondern würde nach meinem Gefühl und nach meinem eigenen Empfinden handeln. Ich würde die volle Verantwortung für die Erziehung meines Kindes übernehmen.

Ich würde ihm mehr Zeit widmen, voll und ganz zu ihm stehen, auch wenn es unangenehm für mich wäre. Ich würde mich bemühen, mich in mein Kind hineinzuversetzen und seine Gedanken nachzuvollziehen. Ich würde ihm das Recht zugestehen, seine eigene Meinung zu äußern und seine eigenen Interessen und Fähigkeiten fördern und stolz auf seine Einzigartigkeit sein. Wenn er Dinge tut, die ich nicht für richtig finde, würde ich versuchen, mit ihm darüber zu sprechen und ihm trotzdem das Gefühl vermitteln, daß er so sein darf, wie er ist, und daß ich ihn so liebe und akzeptiere.

Ich würde ihm Vertrauen schenken und glauben, daß er schon das Richtige tut. Wenn mal etwas schiefgehen würde, hätte er trotzdem meine Unterstützung. Ich würde daran arbeiten, ihn loszulassen. ihm seinen Freiraum zu geben und ihn nicht als mein Eigentum zu betrachten. Inzwischen weiß ich ja, daß mein Kind ein Geschenk ist und nicht dazu da, meine Wünsche zu erfüllen und so zu sein, wie ich es will.

Ich würde seinen eigenen Willen nicht unterdrücken oder »brechen« wollen, sondern ich würde ihn ermutigen, alles auszuprobieren, und wenn dabei etwas schiefgehen würde, würde er wissen, daß ich ihn nicht ablehne. Ich würde ihm eine gute Ausbildung ermöglichen, die seinen Fähigkeiten entspricht, ohne später auf Dank zu warten. Ich würde etwas uneigennütziger sein. Ich würde ihn zu Selbständigkeit erziehen, und das bedeutet, daß er für seine eigenen Fehler geradestehen muß, auch wenn das unangenehm ist. Ich bin nicht für seine Fehler verantwortlich, aber ich stehe zu ihm, wenn er meine Hilfe braucht. Ich würde versuchen, klar und deutlich mit meinem Kind zu sprechen, und würde auch meine Wünsche ohne Umwege direkt äußern. Ihm gestehe ich auch das Recht zu, »nein« zu sagen.

Wie geht es mir denn heute wirklich?

Heute lebe ich mit Andi (21) in einer partnerschaftsähnlichen Gemeinschaft. Ich erkenne ihn an als erwachsene Persönlichkeit. Ich vertraue ihm und erkenne seine Selbständigkeit an. Wir sprechen offen über die Erziehung, und wir gehen auch Diskussionen nicht aus dem Wege.

Ich bin stolz auf meinen Sohn. Ich bewundere seine ruhige und ausgeglichene Art und seine Überlegenheit. Ich bewundere seinen Einsatz und sein Engagement in der Jugendarbeit und seinen verständnisvollen Umgang mit Kindern. Ich entmutige ihn auch heute noch, z.B. wenn ich ihm deutlich mache, daß ich für ihn viel arbeite und Geld verdiene, und er eigentlich gar nicht weiß, wie schön er es hat. Ich zeige ihm deutlich, daß er von mir abhängig ist und gebe ihm auch zu erkennen, daß das eine Überforderung für mich ist. Ich entmutige ihn immer dann, wenn ich unzufrieden oder machtlos oder hilflos bin, und mit klaren Argumenten nicht mehr weiter weiß. Es zeugt von meiner eigenen Schwäche, wenn ich Andi entmutige.

Je mehr ich ihn loslasse und ihm seinen eigenen Weg zugestehe, umso weniger habe ich es nötig, ihn zu entmutigen. Einfach finde ich es immer noch nicht, aber die Beschäftigung mit Ermutigung hat in unserem Leben schon viel verändert.

Irene Röslmaier

1.9. ...aber ich will beides!

Da stehe ich jetzt, mitten in der Lebensaufgabe Liebe-Ehe-Familie. Ob ich das so gewollt habe? Meine Kindheitsträume waren anderer Art. Ich wollte Forscherin werden und die Wunder dieser Erde entdecken, oder Ärztin, die die Leiden aller lebenden Kreaturen mildert. Später wollte ich Juristin werden, um Gerechtigkeit auszuüben... Ist das das Ergebnis der Erziehung meiner Eltern? Sind es die nicht gelebten Träume eines Kindes? Oder lebe ich sie etwa doch? Was aus meiner eigenen Kindheit gebe ich meinen Kindern weiter? Woran erkenne ich, daß ich sie entmutige?

Hier die Symptome:

a) Die Kinder (Anne, drei, und Martina, fünf Jahre alt), sind unruhig bei den Mahlzeiten (das Jüngste ist ein paar Wochen alt).

Mahlzeiten sind oft die einzige Gelegenheit für einen Gedanken- und Informationsaustausch zwischen meinem Mann und mir - das gleiche wollen Anne und Martina natürlich auch.

So reden sie dazwischen und »müssen« unbedingt jetzt ihren Tee oder Nachtisch haben. Aus dem Gespräch, nach dem mein Mann und ich uns so sehr gesehnt haben, wird nichts. So nehmen wir uns weder Zeit für uns, noch für unsere Kinder.

Nachdem ich schon mehrmals aufgestanden bin, um umgekippten Tee oder ausgelaufenen Joghurt wegzuwischen - reagieren wir schließlich genervt mit: »Laß' das doch endlich!« oder: »Nein, jetzt nicht!« Gleichzeitig möchten wir unseren Kindern die nötige Zuwendung geben. Also nehmen wir sie auf den Schoß (können dabei die Gabel kaum richtig zum Mund führen), gießen jetzt doch einen Tee ein und gehen unkonzentriert auf sie ein: »Ja, das ist aber schön … tatsächlich … so, so.«

Martina fragt uns Löcher in den Bauch und bittet ihren Vater zum zehnten Male, ihr endlich eine Geschichte zu erzählen. Es dauerte nicht lange und Martina hat ihren Vater soweit! »Es war einmal ein kleines Mädchen, das hieß Martina…« Durch Martinas geschicktes Nachfragen will diese Geschichte nicht enden. So warte ich auf eine günstige Gelegenheit, um mit meinem Mann das unterbrochene Gespräch zu Ende zu führen … Ärger- und Ohnmachtsgefühle steigen in mir hoch: Er ist sowieso schon so wenig zu Hause. Jetzt muß ich ihn wieder teilen und wählen zwischen: entweder Zuwendung für die Kinder oder das Gespräch mit ihm. Ich kann nicht beides gleichzeitig haben wollen. Ich will aber beides!!!

b) Martina und Anne streiten sich.

Das nächste Mittel, um ihr Ziel »Aufmerksamkeit« zu erreichen, ist es, sich zu streiten. Beide haben beschlossen, gerade diesen - und keinen anderen - Yoghurt oder Nachtisch haben zu wollen (in dem einen ist ganz klar mehr drin!). Wie miteinander abgesprochen, werfen sich beide mit lautstarkem Gebrüll gleichzeitig in die Mitte des Tisches, ungeachtet meines schön gedeckten Tisches oder der vor ihnen stehenden Teller, und reißen mit Kniffen und Schlägen ihren Besitz an sich! Essensreste kleben an den eben noch sauberen T-Shirts, mir dröhnen die Ohren und wieder greifen wir ein! Hurra, jetzt platzt uns endlich der Kragen: »Könnt ihr nicht einmal lieb zueinander sein? Müßt ihr euch immer streiten? … Raus!!!«

c) Martina reagiert mit Ablehnung und Wegstoßen auf unsere Haushaltshilfe (die übrigens unsere Kinder über alles liebt):

Sie merkt, daß ich jetzt etwas zu tun habe und mich ihr nicht zuwenden kann. Sie wehrt sich, indem sie unfreundlich und kratzbürstig ist. Sie weiß genau, daß sie mir und unserer Haushaltshilfe mit diesem Verhalten weh tut. Ebenso sicher weiß sie, daß sie dann von unserer Haushaltshilfe mit Süßigkeiten oder anderen Vorteilen bestochen wird. (Dies haben wir inzwischen durch Absprache einigermaßen in den Griff bekommen).

Ich habe mir die Frage gestellt: »Woher kommt das?« Es kommt vor allen Dingen dadurch, daß ich an mir nichts mehr ablehne, als die Rolle der »Nur-Mutter« und »Nur-Hausfrau«. Die Kinder bekommen dies dadurch zu spüren, daß ich oft rast- und ruhelos bin und mit einem Gefühl herumlaufe, das wirklich Wichtige immer noch nicht getan zu haben, nämlich konsequent an einem Berufsziel zu arbeiten (zu den Klassentreffen gehe ich erst hin, wenn ich etwas geworden bin...!). Dies zeigt sich darin, daß ich mir z.B. kaum Zeit nehme, mir mit den Kindern einen Film anzusehen oder etwas gemeinsam zu basteln - ich schaffe ihnen zwar die Möglichkeit dies zu tun - drücke mich aber vor diesem Kinder- oder Weiberkram (mein Vater!). Meine Mutter fühlte sich, durch die Einstellung ihres Mannes, als Frau diskriminiert und ausgenutzt für minderwertige Arbeiten. So habe ich heute das Gefühl: Das, was mit Beruf und Karriere (Männersache) zu tun hat, ist wichtig und bedeutsam, und das, was mit Kindern und Erziehung zu tun hat, ist unbedeutend und unwichtig. Auch ich fühle mich manchmal wie meine Mutter.

Eigentlich tue ich meine Aufgabe sehr gerne - sie rangiert aber auf meiner Werte-Rangskala ganz unten! Ich wünsche, meine Aufgabe hätte den gleichen gesellschaftlichen und finanziellen(!) Stellenwert wie eine Managerkarriere!. Warum eigentlich nicht? Das Anforderungsprofil gleicht sich: beide brauchen Führungsqualitäten, Einfühlungsvermögen für die Bedürfnisse anderer, Organisationstalent und Durchsetzungsvermögen.

Da unsere Gesellschaft einer Mutter auch heute noch selten konstruktive Unterstützung gibt, bin ich oft sozial ausgegrenzt und muß auf viele Kontakte »freiwillig« verzichten. Welches Hotel oder welcher gesellschaftliche Anlaß erlauben es mir, mich ungezwungen mit Kindern zu bewegen? Wieder stehe ich da mit meinen Wut- und Ohnmachtsgefühlen und muß mich entscheiden: Kinder oder soziale Kontakte. Ich will aber beides!!!

Da haben wir es wieder ... Wie entmutigt bin ich, wenn meine beiden gerade dann »nicht so sind, wie sie sonst sind«, wenn ich im Restaurant sitze, mit Freunden mich unterhalte oder eine dringende Arbeit tun möchte! »Könnt ihr nicht mal lieb sein? Muß das jetzt sein? Laß' das! usw., usw., usw.!« (... meine Mutter!).

Ich möchte doch meine Kinder »ganz anders« erziehen als meine Eltern!...

Damals fiel es mir z.B. richtig schwer nachzuvollziehen, warum meine Eltern das Leben als eine Last empfanden, warum sie so unzufrieden waren mit ihrer Situation ... Inzwischen habe ich ihre Unzufriedenheit teilweise übernommen. Das will ich jetzt abbauen, denn mein Gefühl des »Nicht-Erfülltseins« und des »ich werde schon wieder daran gehindert...« denke ich, hat dort seine Ursache. Das möchte ich meinen Kindern natürlich nicht weitergeben! Darum bin ich auch so motiviert, diesen Artikel zu schreiben! Mit jedem Satz, den ich formuliere und abändere, werden mir Aspekte meiner eigenen Erziehung und meines Lebensstils etwas klarer ... Wie wertvoll(!), da ich jetzt die Chance habe, meine Kinder bewußt zu erziehen. So z.B. erkenne ich heute, daß mein Vater weder im Beruf, noch als Vater die Herausforderung angenommen hat, sich ganz zu verpflichten. Genauso geht es mir heute ... So sehne ich mich immer wieder nach Aktivitäten, die mir oft keine Zeit für meine

Kinder lassen. Ich verhalte mich dann so, daß sie spüren: »Du störst jetzt!« Meine Mutter dagegen nahm die Herausforderung der Erziehung an, mußte dann aber nach ihrer Scheidung berufstätig werden, was sehr schwer für sie war. So schwebt mir das Risiko ihrer Verpflichtung öfters vor Augen, … wie dieses lösen?

Mit Hilfe des Encouraging-Konzeptes von Theo und Antonia Schoenaker erkenne ich jetzt eher, was meine Qualitäten und tatsächlichen Wünsche sind und arbeite gezielt an meiner eigenen Entwicklung. Weil ich mit mir zufriedener bin, finde ich jetzt mehr Gelegenheiten, meine Kinder in meine Aktivitäten zu integrieren und sie gezielt zu ermutigen. Es wirkt sich heilsam auf die häusliche Atmosphäre aus… und immer öfter, wenn die Kinder zufrieden und kreativ sind, spüre ich in Dankbarkeit, daß Kindererziehen Einflußnahme auf die Lebensqualität der Gesellschaft ist. Ich bin dann nicht nur glücklich, ich finde mich auch wichtig und wertvoll!!

Helene Grothe

1.10. …und dann hat er es geschlagen

Ich bin jetzt eine alte Frau, lebe in Belgien. Meine Mutter war eine Heilige. Wenn sie nicht arbeitete, sah ich sie nur mit Gebetsbuch oder Rosenkranz.

So wurde ich erzogen. Ich heiratete früh. Den hohen moralischen Maßstab, den ich als einzig richtigen kennengelernt hatte, konnte ich selbst nicht leben - ich lebte ständig mit Schuldgefühlen und mit der Überzeugung, nie gut genug sein zu können - gab ihn trotzdem meinen Kindern weiter. Ich erzog sie nach strengen moralischen Regeln mit dem erhobenen Zeigefinger. Ich habe ihnen Angst gemacht vor dem strafenden Gott und vor dem eigenen Vater. »Wenn Vater heute Abend nach Hause kommt, wirst Du was erleben.«

Mein Mann - Hans - hatte aber so seine eigenen Prinzipien. Eines davon war: »Ich strafe nur im Moment, wo das Kind etwas Strafbares macht, dann begreift es, für was es gestraft wird. Für Vergangenes zu strafen ist ungerecht.« So fühlte ich mich oft im Stich gelassen, weil er meine Drohung am Kind nicht wahr machte.

Zwei gesunde Jungen hatten wir. Hans und ich waren beide auf »gut-sein« getrimmt. Moralisch gut sein und leistungsmäßig gut sein. Wir wollten - so verstand ich später - gut sein, um dadurch unsere tiefen Minderwertigkeitsgefühle zu kaschieren. Auch unseren beiden Jungs vermittelten wir ungewollt das Gefühl: »Du bist nichts, es sei denn, Du bist besser.«

Dieser Ausspruch hing in der Luft, denn wir lebten ihn vor. Es war, als mußten wir uns immer furchtbar anstrengen, damit unsere Wertlosigkeit nicht erkannt wurde. Die Leistungen der Kinder im Sport, in der Schule, in der Kirche gaben mir und Hans ein erhabenes Gefühl, logisch!

Der Jüngste, eineinhalb Jahre jünger als Fred, der Erstgeborene, wurde ein liebenswerter Streber, der den Ältesten in vielen Bereichen entmutigte und zum Aufgeben veranlaßte. Er wurde das brave Kind, Fred das »Lästige«. Er erfüllte meine Wünsche. Fred schlug sich schon sehr früh auf Vaters Seite. Ein Mutterkind und ein Vaterkind. Fred war wohl am meisten entmutigt, aber neben Vater in der Werkstatt hatte er seinen Platz und seine Bedeutung. Die Technik wurde sein Betätigungsfeld. Der Jüngste entwickelte musische Seiten. Warum ich das alles erzähle? Damit Du verstehst, wie die Entmutigung begann durch das Klima, das mein Mann und ich in die Ehe mitbrachten und dann durch das Konkurrenzverhalten der Kinder untereinander - das wir vorlebten - vertieft wurde. Soweit war aber unsere Familie einigermaßen in Ordnung. Wir spielten, wir lachten, wir schimpften, wir straften ... Die Kinder spielten zusammen, stritten und prügelten sich, aber so ist das nun mal!

Dann wurde mein Mann von der deutschen Besatzungsmacht nach Deutschland geschickt. Dort mußte er in der Rüstungsindustrie arbeiten. Unsere Welt brach zusammen. Ich »verlor« meinen Mann und Fred seine einzige Stütze.

Nach drei Monaten kam Hans illegal nach Hause, für eine Woche. Wir waren glücklich wie noch nie zuvor. Er mußte dann wieder weg und durfte nicht mehr nach Hause fahren. Ich war schwanger. Das Kind war ein Trost und großes Glück, trotz Kriegsverhältnissen und den beiden anderen Kindern, die es mir nicht leicht machten.

Fred wurde in der Zeit lästiger. Er stritt und schlug sich mit anderen Kindern herum, stahl Geld aus meinem Portemonnaie, zündete Feuer im Wald, ging nicht zur Schule, hielt sich anstatt dessen im Wald auf und log mich an, wann immer ich ihn zur Rechenschaft rief. Dieses Kind brachte mich zur Verzweiflung, und er zeigte immer wieder, daß er der Gewinner war, indem er mit verbissenen Lippen und einem stechenden Blick in den Augen auf den Boden stampfte und schrie: »Nein!« Verzweiflung, Ohnmacht und auch Angst waren es, die mich in die Hoffnungslosigkeit - je mit ihm und unserem Familienleben fertig zu werden - trieben.

Genau in dieser Zeit starb - ein Jahr alt - das jüngste Kind, mein Trost und der lebende Beweis einer großen Liebe. Ich ließ meinem Mann über Umwege eine Nachricht zukommen, in der ich ihm meine verzweifelte Lage schilderte. Er brach aus, schlich sich wochenlang durch Feld, Wald und Wiese, durchquerte Flüsse und stand eines Nachts, viele Jahre älter - wie ein Greis vor der Tür. Ich ahnte, welche Gefahren er durchlebt haben mußte und in welch' neuer Gefahr wir uns jetzt befanden. Er versuchte mich zu trösten und zu beruhigen ... und wie gerne ließ ich das zu. Wir weinten und lachten. Die Kinder sind aus dem Bett gekommen. Beide freuten sich sehr, aber Fred blieb etwas im Hintergrund, denn allzu oft hatte ich ihm mit diesem Augenblick gedroht: »Wenn Vater kommt, wirst Du was erleben.« Er hatte Angst. Meine ganze Hoffnung, endlich mit dem Jungen fertig zu werden, ruhte nun auf Hans. Der sagte nur: »Morgen reden wir weiter.« Als wir uns den Rest der Nacht unsere Situation erzählten und es ihm klar wurde, wie sehr ich litt durch das Verhalten des Jungen, versprach er, mit ihm zu reden. Meine Ohnmacht hatte sich wohl als Wut in ihm transformiert.

So konnte aus dem Gespräch am nächsten Morgen nur ein Drama werden. Er war zu sehr aufgeregt, zu sehr verwirrt, auch durch seine eigene aussichtslose Lebenslage, daß nur ein paar Fragen an Fred diesen dazu führten, in seine Gewinnerpose, die er bei mir so erfolgreich geübt hatte, zu rücken. Da stand er, zehn Jahre alt, mit verbissenen Lippen, stechendem Blick und stampfte auf den Boden und schrie: »Nein!« Da verliert mein Mann, der nie strafte, es sei denn im Moment, wo etwas Strafbares passierte, schlägt Fred ins Gesicht - ich freue mich -, dann auf den Kopf - da bekomme ich Angst - Fred läuft weg, Hans hinterher. Wut und Angst treffen sich, als er Fred tritt, dieser sich in »letzter Not« unter der Tretnähmaschine verkriecht und dort weitere Tritte bekommt. Fred schreit vor Angst ... ich schreie vor Angst und bitte Hans aufzuhören, ziehe ihn schließlich von der Unglücksstelle weg ... es ist Stille ... ach, ich darf nicht mehr daran denken...

Er sitzt auf dem Sofa wie versteinert, als wäre er sich bewußt, nicht nur falsch gehandelt, sondern auch seine Selbstachtung verloren zu haben. Ich sitze auf einem Stuhl in der anderen Ecke des Raumes und weine. Ich bin mir bewußt, daß ich ihn dazu trieb und er es nur für mich tat. Er wollte gut sein für mich, jetzt sind wir beide schuldig ... Fred sitzt noch unter der Nähmaschine und schluckt fassungslos seine Tränen herunter. Ein Häufchen Elend, verprügelt von dem Mann, der einst seine ganze Welt bedeutete. Der Jüngste steht bei mir und weint leise mit mir mit. Er hat das Ganze aus dem Türrahmen mitbekommen. Ich bin nicht sicher, ober er sich nicht heimlich gefreut hat.

Das Leben ging weiter. Nie haben wir mehr darüber gesprochen. Mein Mann tauchte unter. Wir lebten noch Monate in Angst, bis der Krieg vorbei war.

Fred spurte wieder ... ein einsamer, stiller, intelligenter, zurückgezogener Junge. Doch Hans wurde nie mehr der alte und starb viel zu früh.

Und sonst?..... Fred hat seine technische Begabung entwickelt und gut gelernt. Im Beruf - er war technischer Leiter in einer Maschinenfabrik, wo er wesentliche Erneuerungen einführte - versagte er bald und wurde mit 40 Jahren schon Frührentner. Unklar, weswegen genau.

Er hat auch früh geheiratet und seine drei Söhne geschlagen, so wie er geschlagen wurde. Mir hat das - in Erinnerung an damals - jedesmal, wenn ich es miterlebte, sehr weh getan. Zu früh kam sein erster Herzinfarkt, zu früh die ersten By-pass-Operationen. Er lebt noch ... glücklich mit dem relativen Wohlstand, den er sich mit seinem technischen und Computergeschick so nebenbei verdient. Ich mag ihn gerne, wir beide haben Humor, und er ist ein guter Mensch.

Wie ich es besser machen würde

Ach, ich bin jetzt 80 Jahre. Viele Jahre sind seitdem ins Land gegangen. Vieles habe ich lernen müssen, in vielen Jahren alleine. Insbesondere selbständiger und selbstbewußter werden. Ja, vieles habe ich gelernt, auch die Psychologie hat mich interessiert, und zuletzt lernte ich durch »Zufall« noch das Encouraging-Training kennen. Ich war die älteste Teilnehmerin.

Gesetzt nun den Fall, ich könnte noch einmal neu anfangen mit ihm, dem Mann meiner Träume, in der heutigen Zeit mit ihren vielfältigen Möglichkeiten, dann würde ich noch vor meiner Ehe mit Hans zusammen an einem Encouraging-Training teilnehmen. Ich würde mit einem gewissen Trotz wissen: Ich will nicht mit diesem Ballast der überzogenen, moralischen Ansprüche, den Schuldgefühlen, dem

Streben nach immer besser sein wollen/müssen und den Minderwertigkeitsgefühlen, Kinder erziehen. Ich will erst etwas für unsere Lebensfähigkeit tun!

Ich würde mich über Kindererziehung nach Rudolf Dreikurs oder Maria Montessori orientieren und mit meinem Mann zusammen eine bewußte Ehe führen. Wir würden die Gleichwertigkeit von Mann und Frau ernst nehmen und so das Konkurrenzstreben zwischen uns beiden vermeiden. Die Kinder würden dann nicht dieses Modell von »besser sein müssen« und auch nicht unsere Atmosphäre von »nie gut genug zu sein, weil wir im Grunde wertlos sind« mitbekommen.

Wenn das zweite Kind trotzdem ein Streber geworden wäre, könnte ich das Älteste in seiner Entmutigung jetzt besser verstehen und es ermutigen, anstatt es noch mehr zu entmutigen durch Strafe und Ablehnung.

Ich kann mein Leben nicht noch einmal neu anfangen. Die Zeit ist aber jetzt reif für solche Entwicklungen, die ich mir für den Fall eines Neuanfangs gedacht habe. Es gibt ein größeres Angebot an alle, die Augen haben zu sehen und Ohren zu hören. Ich glaube, daß Du, meine Leserin ... Du, mein Leser, dazu gehörst.

Wenn Du noch jung bist und Kinder haben willst oder schon hast, so strebe nicht nur nach mehr schulischem Wissen oder materiellem Besitz, sondern tut gemeinsam etwas für Eure Persönlichkeitsentwicklung, sodaß ihr mit Euch selbst in Frieden lebt. Alles andere ist dann so viel einfacher.

Erna van Dijk

1.11. Keine Zeit, keine Ruhe

Ich, Gerrit, bin jetzt 75 Jahre alt und meine Tochter Helga, die jüngste von vier Kindern und ein Nachzügler, ist inzwischen Mitte dreißig. Als sie geboren wurde, waren meine

Frau Else und ich eigentlich nicht mehr darauf eingestellt, uns noch einmal voll und ganz der Erziehung eines so hilflosen Wesens zu widmen.

Wir hatten unsere Anstrengung darauf gerichtet, eine neue Existenz aufzubauen. Mein Vater, ein unzuverlässiger Alkoholiker, hatte den Hof und die dazugehörigen Ländereien völlig heruntergewirtschaftet. Meine Kinder sollten eine bessere Grundlage haben. Deshalb hatte ich mir in den Kopf gesetzt, durch Fleiß das Verlorene neu zu erwirtschaften, wobei mich meine Frau tatkräftig unterstützte. Für die Kinder blieb uns wenig Zeit. Wir waren oft den ganzen Tag im Wald oder auf dem Feld. Das traf Helga am härtesten. Wenn Else und ich am Abend erschöpft nach Hause kamen, stürzte sich Helga voller Freude, uns endlich mal für sich zu haben, auf uns. So habe ich es auf jeden Fall empfunden.

Mir graute schon davor, wenn wir zusammen mit den Kindern beim Abendessen saßen und sie ständig versuchte, die Aufmerksamkeit auf sich zu lenken, indem sie unentwegt plapperte. Nicht selten hörte sie von mir: »Halt doch mal deinen Mund!« oder: »Du kannst Deinen Mund einfach nicht halten.« Sie konnte es wirklich nicht, glaube ich. Eines Abends, ich war wohl besonders müde und Helga fühlte sich wohl besonders vernachlässigt, hörte sie auch nach mehrmaliger Aufforderung nicht auf. Sie ging mir einfach auf den Wecker. Dann, als niemand ihr mehr zuhörte, beginnt sie einfach an irgendwas herumzunörgeln. Sie ist zum Zermürben unzufrieden. Schließlich reißt mir der Geduldsfaden. Ich stehe auf, blicke sie noch einmal drohend an, hole sie hinter dem Tisch hervor und verhaue ihr voller Wut und Hilflosigkeit den Hintern. Ich wußte wirklich nicht, was ich sonst noch machen konnte. Ich fühlte mich dann zwar erleichtert, aber nicht zufrieden, als ich fertig bin und das verprügelte Kind wieder über den Tisch hebe und sie wortlos auf ihren Platz zurücksetze. In dem Blick meiner Frau lese ich einen Vorwurf. Dieses Kind ist mir aber einfach lästig; ein Störenfried, der meine Nerven strapaziert. Warum kann sie nicht, wie die anderen drei Kinder auch, ruhig dasitzen und essen?

So habe ich ihr öfters zu verstehen gegeben, daß ich sie erst dann gut genug finde, bzw. daß sie erst dann liebenswert ist, wenn sie sich so verhält, wie ich sie in einem bestimmten Moment haben will. So einfach war das für sie ganz sicher nicht, denn abhängig von meinen Launen mußte sie dann auch ihre Stellung finden.

Was ich aus heutiger Sicht hätte besser machen können

Heute verstehe ich, wie entmutigend ich mich damals Helga gegenüber verhalten habe. Mir ist inzwischen klar, daß sie aus ihrer Sicht gar keine andere Wahl hatte, als sich auf diese Weise bemerkbar zu machen. Ich glaube, wir hätten sie wirklich kaum beachtet. Helga muß das Gefühl gehabt haben, übersehen zu werden. Das muß für sie schlimmer gewesen sein, denn als lästiges, störendes und deshalb ungeliebtes Kind zu gelten.

Nun ist sie erwachsen und eine tüchtige Frau mit außerordentlichen sprachlichen Fähigkeiten. Auf diesem Wege verschafft sie sich einen Platz. Das hat sie wohl weiterhin trainiert. Aus Gesprächen mit ihr weiß ich, daß sie aber immer noch unter dem Gefühl leidet, anderen Menschen im Grunde eine Last zu sein. (Gerade auch mit ihren sprachlichen Fähigkeiten). Sie hat durch meine Art, mit ihr umzugehen, während sie Kind war, wohl verstanden, daß sie nur dann liebenswert ist, wenn sie sich so verhält, wie andere sie haben wollen. Auch jetzt als Erwachsene zweifelt sie oft daran, liebenswert zu sein, wenn sie einen eigenen Kurs fährt.

Daß sie intelligent ist, humorvoll und einen guten Beruf zuverlässig ausübt, bedeutet ihr oftmals nicht viel. Sie meint, wenn sie ruhig, brav und angepaßt wäre, könnte man sie lieben. Aus dieser Angst heraus, übersehen zu werden, kann sie diesen Stil nicht leben. Der damit verbundene Konflikt treibt sie manchmal so weit, daß sie sich fragt, ob das Leben für sie überhaupt einen Sinn haben kann. Leider habe ich das alles erst in den letzten Jahren erkannt, in denen Helga schon erfolgreich begonnen hatte, einen Weg aus ihrer zeitweisen Hoffnungslosigkeit zu finden.

Wenn ich zurückblicke, meine ich auch heute noch, daß es sinnvoll war, der Familie eine sichere, finanzielle Grundlage zu geben. Dazu ist eben der hohe zeitliche Arbeitsaufwand notwendig und meine Erschöpfung eine logische Folge davon. Das ließ sich also realistisch gesehen nicht vermeiden. Vielleicht hätte ich deshalb auch mit dem Wissen von heute, nie die Zeit und die Kraft gehabt, mit Helga zu spielen und mich länger mit ihr zu beschäftigen. Jetzt erkenne ich eher, daß es nicht die Zeit oder die Kraft waren, die mir fehlten, sondern daß es eine andere Möglichkeit gab, Helga trotzdem meine Liebe spüren zu lassen. Sie hätte z.B. beim Essen neben mir sitzen und dadurch mehr Nähe zu mir empfinden können. Wenn ich nach Hause kam, hätte ich mich ausruhen können, indem ich es mir zusammen mit Helga in einem Sessel gemütlich machte. Helga hätte es sicher sehr genossen, auf meinem Schoß zu sitzen und sich in meinem Arm geborgen und angenommen zu fühlen. Sie hätte nicht mehr durch Stören auf sich aufmerksam machen müssen, hätte die Sicherheit der Zugehörigkeit gehabt, und meine Frau und ich hätten mehr Ruhe und ein sicheres Gefühl gehabt, gute Eltern zu sein.

Gerrit Trautmann

1.12. Da saß ich nun...

Da saß ich nun mit meinen vier Kindern - zwei aus meiner ersten Ehe (Karen, sechzehn, und Michael, vierzehn), zwei aus meiner zweiten Ehe (Adrian, acht, und Olaf, sechs), und beide Ehen geschieden. Wir waren gerade unter dramatischen Umständen von einem Haus in eine Vier-Zimmer-

Wohnung gezogen, die ich renoviert hatte. Den Auszug hatte mir mein Mann erlaubt, da er selbst im Haus bleiben wollte. Ich war körperlich ziemlich geschafft und psychisch erst recht: Noch einmal versagt! Mein Selbstwertgefühl lag bei 0,0.

Der Frieden in unserer neuen Oase gab mir bald die Kraft, mein Leben neu zu gestalten und meine Lebensaufgabe anzupacken: meinen Kindern noch einige schöne Jugendjahre mitzugeben und ihnen die Fähigkeiten zu vermitteln, mit denen sie ihr eigenes Leben besser meistern würden als ich meines. Und diesmal würde ich nicht versagen!

Aber die Kinder waren auch entmutigt und hatten ziemlich gelitten. Die Großen unter ihrem strengen Stiefvater, dem sie kaum etwas recht machen konnten, und weil sie oft für vieles herhalten mußten, woran die Kleinen Schuld waren - sie waren heilfroh über unseren Auszug. Die Kleinen hingen dagegen an ihrem Vater, der sie sehr verwöhnt hatte und sahen in mir die böse Mutter, die sie aus ihrer vertrauten Umgebung gerissen hatte. So stand ein Berg von Mißgunst, Neid, Haß und Wut zwischen meinen älteren und jüngeren Kindern, der immer bedrückender wurde und mit dem es täglich zu leben galt.

Ein weiterer belastender Faktor für mich war, daß mir das Sorgerecht für die Kleinen streitig gemacht wurde. Dafür war ich bereit zu kämpfen, denn ich wußte, daß die Kinder bei mir besser aufgehoben waren und ich mehr für sie tun konnte als ihr Vater, der beruflich viel unterwegs war. Ich bemühte mich also nach Kräften, eine gute Mutter zu sein, war aber oft gänzlich machtlos gegenüber den fürchterlichen Streitereien der Kinder unter sich sowie der Rebellion der Kleinen gegen mich.

Eines Tages stolperte ich wieder einmal über vier kleine Gummistiefel, die vor dem Schuhschrank lagen, obwohl ich doch schon so oft darum gebeten hatte, sie ordentlich wegzustellen. Da packte mich die Wut. Ich nahm alle vier und schleuderte sie kurzerhand und kräftig in das Kinderzimmer, das sich die Kleinen teilten. Großes Geschrei und Geschimpfe - einen hatte es wohl erwischt. Danach wurde es ruhig, ich hielt mich im Wohnzimmer auf, es wurde immer ruhiger. Das hat ja gewirkt - wie schön!

Doch so ganz wohl war mir nicht. Als ich mich nach einer guten Weile bei den Kleinen entschuldigen wollte, denn ich bin ja ein friedliebender Mensch, der Gewalt scheut - war das Zimmer leer! Was für ein Schock! Wo sind meine unglücklichen Kinder? Unschwer zu erraten. Sie hatten sich heimlich davon gemacht zu ihrem Vater, der nur ein paar Wohnblöcke weiter wohnte. Er rief auch bald an, nachdem er seine total verstörten Kinder getröstet hatte und brachte sie wieder. Das war eine Lektion für mich. So konnte es nicht weitergehen!

Wie ich meine Kinder langsam ermutigt habe

Während dieser Zeit hatte ich schon begonnen, mich mit Büchern über Kindererziehung (Thomas Gordon: Familienkonferenz; Rudolf Dreikurs: Kinder fordern uns heraus) zu beschäftigen. Vor allem wegen meines ausgesprochen jähzornigen Jüngsten, mit dem ich mir oft nicht zu helfen wußte. Ich empfand es als sehr ermutigend zu lesen und zu erfahren, daß Streit nicht sein muß, daß es Lösungen für Konflikte gibt, die man auch findet, wenn man sich darum bemüht. Wir hielten regelmäßig Familienrat mit unterschiedlichem Erfolg und probierten vieles aus. Aber nach wie vor bestand das große Problem der Feindschaft und Rivalität zwischen den älteren und jüngeren Geschwistern, die immer wieder durchbrachen und unser Familienklima vergifteten. Wer sucht, der findet. Wer Lösungen sucht, der findet auch welche. Eines Tages hörte ich bei einem Vortrag einen Satz, der magisch an mir haften blieb: Man kann die Menschen nur lieben, wenn man Gott liebt; denn, wenn wir Gott wie unseren Vater lieben, können wir unsere Mitmenschen auch als Brüder und Schwestern lieben. Das war der Schlüssel für mich! Meine Kinder können sich untereinander nur lieben, wenn ich sie mehr liebe! Das war eine so beglückende Erkenntnis für mich, die ich sofort in die Tat umsetzen mußte. Ich wußte ja, daß ich meine Kinder liebte, denn sonst hätte ich sie ja ihren Vätern und einem ungewissen Schicksal überlassen. Aber merkten meine Kinder denn auch, daß ich sie liebte? Jemanden lieben heißt doch in der Tat, ihm bei seinem Wachstum zu begleiten, bzw. behilflich zu sein.

Ich beschäftigte mich also intensiver mit jedem Kind, bestärkte es bei guten Leistungen, ermutigte es in jeder Hinsicht, förderte seine besonderen Talente - der eine konnte gut lesen und bauen, der andere besser Klavierspielen, der dritte hatte einen ganzen Chemiebaukasten im Kopf, und die Älteste wurde immer hübscher und nähte sich schöne Sachen. Langsam verbreitete sich Harmonie bei uns. Wenn die Kleinen abends mit ihren Teddys ins Wohnzimmer kamen, wo meine Schlafcouch stand - »wir können nicht schlafen« - durften sie zu mir ins Bett krabbeln, und bei sanfter Mozart-Einschlafmusik erzählten wir uns noch etwas. Und wenn sie sich mal wieder zankten und prügelten, regte ich mich nicht mehr auf, sondern sagte: »Es tut mir sehr weh, wenn ihr euch schlagt.«

Ich selbst sorgte zwar für einen freundlichen Umgangston, der war aber offensichtlich zu schwach, um gegen den üblichen Schuljargon bestehen zu können. Sie warfen sich also nach wie vor die abscheulichsten Schimpfworte und -namen an die Köpfe, mit denen ich diese Seiten nicht verunzieren möchte. Ich sagte dann nur: »Es macht mich richtig traurig, wenn ihr so häßlich zueinander seid, denn ihr seid doch meine Kinder, und ich habe euch alle lieb«. So beschlossen wir im Familienrat, Höflichkeit zum Wochenthema zu machen, d.h. eine Woche lang Schimpfworte zu vermeiden; falls doch etwas herausrutschte, könnte man sich ja entschuldigen und es zurücknehmen.

Erna Bogert

1.13. Ich weiß nicht, was Du hast, Mami

Bevor ich über die Entmutigung meiner Kinder berichte, ist es mir wichtig, erst einmal meine eigene Art von Entmutigung zu beschreiben.

Ich bin ein Sandwich-Kind, die dritte. in einer Geschwisterreihe von fünf Kindern. Also zwei vor mir, zwei ganz dicht hinter mir. In dieser Lage habe ich ständig versucht zurechtzukommen. Mein Weg war, meinen Eltern und Erziehern zu gefallen, alles zu tun, um ihr Lob zu erhalten. Gleichzeitig aber auch noch besser zu sein als die anderen. Die Ansprüche waren hoch, aber auch die Ideale und Normen, nach denen die Eltern uns erzogen. Dabei klingt mir immer im Ohr: »Nicht so sein, wie die übrigen.«

Heute weiß ich, daß ich tief entmutigt war und es auch lange blieb. Ich lebte nach dem Motto: »So wie ich bin, bin ich nicht gut genug.« Dieses Minderwertigkeitsgefühl, das sich in den Prioritäten Überlegenheitsstreben und Gefallenwollen (s. Schottky/Schoenaker: Was bestimmt mein Leben?, Horizonte Verlag) zeigt, projizierte ich auch auf meine Kinder: »Wenn ich nicht gut genug bin, können es meine Kinder auch nicht sein«, und so war ich die »glückliche«, gestreßte Mutter, die Musterkinder erziehen will und nicht zufrieden sein kann mit süßen, rotznormalen Kindern.

Bei unseren vier Kindern zeigte sich die Entmutigung unterschiedlich. Hier will ich auf Nuri, unseren dritten Sohn, zehn Jahre alt, eingehen.

Nuri wurde 1982 gleich von vier paar Augen begrüßt: Die große vierjährige Schwester, die ihre »große« Rolle gerne annahm. Andreas, der Ruhige, Schüchterne, der es schon schwer hatte, im Schatten seiner Schwester zu stehen. Papi, der stolze, glückliche Vater, der meist nicht zu Hause war vor lauter Arbeit, und die Mami, die versuchte, bei Haushalt und Kindern ihre Erfüllung zu finden und es doch nicht schaffte.

Nuri findet bald heraus, daß alle seine lustigen Fratzen bewundert werden. Er wird der Sonnyboy und sonnt sich im Klein-sein, Genießen, Bewundertwerden, während Andreas zwischen zwei so »bewundernswerten« Geschwistern bald erstickt. Doch während Andreas die Zahlen, Autos und überhaupt die Welt entdeckt, bleibt Nuri charmant und wird bewundert, bis ... viereinhalb Jahre später seine kleine Schwester zur Welt kommt. Jetzt hat es Mami aber eilig. Nuri soll auch ein großer Junge sein, bald kommt er auch schon in Kindergarten und Schule, und überhaupt: er hat zwei Mustergeschwister, die ihm vormachen, wie gut man in der Schule sein kann.

Doch zur Begrüßung seiner kleinen Schwester kriecht Nuri unter sein Bett und pinkelt erst einmal ordentlich. Später bekommt er einen fürchterlichen Analabszeß, der uns mit ihm wochenlang in Atem hält. Der Kindergarten wird zur Katastrophe. Er weigert sich. Doch die eifrige Mami weiß Rat. Sie steckt ihn gleich in die Vorschule. Dort hat er - Gott sei Dank - erst einmal eine geduldige Lehrerin, die seine Clownerien aushält. Doch als in der 1. Klasse seine Schlamperei den Gipfel erreicht, wird die Mutter herbeizitiert: »Wenn ich nicht wüßte, von wem das Kind ist, würde ich meinen, das Kind wäre von Asozialen....«.

Das sitzt - tief unten im Bauch. »Daß uns so etwas......« Nuri bleibt lange herausfordernd, wehrt sich gegen jeden Leistungszwang: »Wieso? Es gibt noch einen Jungen in der Klasse, der ist noch schlechter als ich!« Oft zeigte er seine Wut auf die kleine Rivalin und auf seine eigene Desorientiertheit, denn er meint, den großen Geschwistern eh' nicht nacheifern zu können. Gott sein Dank lerne ich zur gleichen Zeit viel über Ermutigung und werde mir bewußt, wie leistungsorientiert und fehlerbezogen ich bis jetzt erzogen habe. Die Ermutigung hilft mir, Rat bei einem Schulpsychologen zu holen. Gleichzeitig verändern wir bewußt unseren Ton zu Hause, schreiben uns Ermutigungszettel, machen Ermutigungsrunden. Mami (ich) nimmt sich selbst immer besser an, wie sie ist, und prompt schimpft sie weniger. Ich lerne, unabhängig von Leistung und Gut-sein-wollen, die Stärken meiner Kinder zu sehen und es ihnen auch immer wieder zu sagen. Nuri ist sehr gefühlsbetont und zärtlich mit sehr viel Gerechtigkeitssinn.

Nach dem Schlag in die Magengrube muß ich mir erst meiner Stärken bewußt werden, bevor ich wieder mit der Lehrerin rede. Und siehe: Wir können zusammen sehr gut zum Wohle Nuris arbeiten. Sie nimmt sich ebenfalls vor, Nuri mehr zu loben, bleibt aber streng und konsequent, wo sie es sein muß. Heute verblüfft Nuri uns mit seiner Lernwilligkeit. Er schreibt von alleine seine Hausaufgaben - zumindest die meisten - und übt mit mir sehr gerne Diktat. Er hat sich seinen eigenen Entfaltungsraum erkämpft, indem er auf ein eigenes Zimmer bestand (vorher schlief noch die kleine Schwester bei ihm). Dadurch hat er ein besseres Verhältnis zu ihr.

Übrigens: Letzten Herbst hatte Nuri Schwierigkeiten mit Freundschaften. Ich bemerkte es an seiner schlaffen, babyhaften Haltung und daß er ins Bett machte. Ich sprach mit der Lehrerin. Sie bestätigte es. Nuri wurde von einem bestimmten, uns allen nahestehenden Jungen ausgenutzt. Nachdem nicht nur ich, sondern auch die Lehrerin diese Tatsache beobachtet hatten, sprach ich mit Nuri darüber:

- wie wertvoll er ist und daß er es nicht nötig hat, sich so behandeln zu lassen,

- was man alles tun kann, um andere Freunde zu gewinnen.

Als er seine eigene Wichtigkeit und Persönlichkeit erkannte, verschwanden auch seine anderen Symptome.

Was er heute noch hat, ist ein starkes Lispeln und im Erzähldrang und in der Erzählhast eine Verzögerung beim Sprechen. Heute mache ich es nicht wichtig und weiß, daß er es selber irgendwann schaffen wird.

Wie wir uns jetzt in Bezug auf die Entmutigung verhalten

Wichtig war für uns als Familie die Ermutigung, die einschließt, daß wir, so wie wir sind, gut genug sind. Dieses neue Programm ist für mich als Mutter das Wichtigste gewesen. Damit wurde ich fähig, alle meine Lieben mit ihren vermeintlichen Schwächen zu akzeptieren, wie sie sind. Das Ergebnis ist, daß aus den Schwächen Stärken werden, daß ich immer mehr die Stärken meines Mannes erkenne, daß ich besser meine eigenen Fortschritte sehe, und daß ich meine ermutigende Haltung den Kindern gegenüber nicht verliere, auch wenn sie sich streiten. Ich nehme sie an, wie sie sind, auch in dem Moment, wenn sie sich streiten. Es gibt Tage, wo wir alle gereizter waren, die Kinder mehr gestritten haben, ich ungeduldiger war. Aber wenn wir dann abends unsere Ermutigungsdusche bekommen - wir setzten uns zusammen, beten und sagen uns gegenseitig, was wir aneinander und an uns selbst gut finden, - dann ist es wie Balsam für unser aller Seelen. Die Kinder gehen voller Liebe und Freude zu Bett, wir hören durch ihre Ermutigung, daß sie auch unser Bemühen und unsere Liebe anerkennen, und der Streit von »vorhin« ist vergessen und unwichtig geworden.

Einer der größten Fortschritte, die ich an mir in Bezug auf die Kinder bemerke, ist, daß ich nicht von einer bestimmten Vorstellung ausgehe: »So soll mein Kind werden, diesen Status soll es erreichen«, sondern daß ich nur hoffe, daß es das findet, was seinen persönlichen Fähigkeiten und Begabungen entspricht.

Typisch für Nuri ist zum Beispiel, daß er auf die Schule schimpft, nach den Ferien böse ist, daß er wieder die Schule besuchen muß. Wir akzeptieren sein Schimpfen als seine Meinung und brauchen auch gar nicht weiter darüber zu diskutieren. Gleichzeitig aber beobachte ich mit Freude, wie gewissenhaft er seine Hausaufgaben erledigt und sich freut, wenn er in der Schule gut mitmachen konnte. Ich habe das Vertrauen, daß er die Schule schafft, auch wenn er auf sie schimpft. Einmal, er war damals acht Jahre alt, sprach ich mit Nuri über die Wichtigkeit der Schule und das Lernen etc. Da antwortete er mir - und ganz zu recht: »Ich weiß nicht, was Du hast, Mami. Schau', ich gehe täglich zur Schule, auch wenn ich sie nicht mag. Ich mache täglich meine Hausaufgaben, auch wenn ich am liebsten spielen würde. Ich arbeite in der Schule mit, wenn die Lehrerin etwas von mir verlangt. Ich bin doch ein guter Schüler!«

Hilde Schillert

1.14. Liebe und Fürsorge als Entmutigung

Peter und ich sind in den Kriegsjahren aufgewachsen und haben eine sehr strenge und entbehrungsreiche Zeit in unserer Jugend erlebt.

Unsere Kinder sollten es mal viel besser haben....

Es sollte ihnen gut gehen, wir wollten sie lieben, verwöhnen, ihnen all die Wünsche erfüllen, die uns in unserer Jugend versagt blieben, und wir wollten sie bewahren vor allem, was an Negativem und Schlechtem auf sie zukommen würde.

Unsere Erfahrungen sollten ihnen helfen, keine eigenen, schlechten Erfahrungen machen zu müssen.

Wir standen mit unserer Einstellung damals nicht alleine, viele Psychologen, Kinderärzte, die Medien verkündeten diese neue »endlich richtige« Erziehungsmethode.

Wir Eltern sollten für unsere Kinder da sein - ausschließlich - ihnen alle Wünsche und Bedürfnisse erfüllen. Unsere eigenen Wünsche und Bedürfnisse zurückstellen. Und genauso lief dann das Leben mit unseren Kindern ab. Jeden Stein auf dem Weg räumten wir ihnen weg, sie hätten ja stolpern und sich wehtun können. Fast jeden Wunsch, den sie hatten, erfüllten wir ihnen. Bei allem, was sie ausprobieren wollten, wo sie Erfahrungen hätten sammeln können, wußten wir schon vorher, ob es für sie gut war oder nicht, und wir halfen ihnen mit unserem »Wissen«, diese Schwierigkeiten nicht durchmachen zu müssen.

Wenn wir es verhindern konnten, »brauchten sie keine negativen Erfahrungen zu machen«. Wir »bewahrten« sie davor, miteinander zu streiten. Denn nur eine harmonische Familie war glücklich, und nur aus solchen Familien konnten glückliche Kinder hervorgehen. Sie konnten durch unser Verhalten nicht lernen, sich selbst Grenzen und Ziele zu setzen.

Die Erziehung zur Entmutigung, zum Unselbständigwerden, ja zu Lebensuntüchtigkeit nahm ihren Lauf.

Unsere Kinder haben es heute sehr schwer

* sich von uns abzunabeln
- wir haben sie in Liebe angebunden
* sich beruflich zu entscheiden
- wir haben zu viel für sie entschieden
* sich für einen Partner zu entscheiden
- solche Partner wie die Eltern gibt es kaum
* auf eigenen Füßen zu stehen
- wir nahmen ihnen zu viel Verantwortung ab
* sich irgendwo unterzuordnen, wenn ihre eigenen Bedürfnisse nicht erfüllt sind
- sie lernten nicht früh genug zu verzichten, nein zu sagen
* für andere voll da zu sein
- wir waren ja immer für sie da!

Liebesentzug gab es auch, wenn die Kinder nicht lieb waren, nicht gehorchten, Dinge nicht ordentlich gemacht haben, zu anderen Menschen nicht freundlich genug waren, Zimmer nicht aufgeräumt haben, indem wir dann des öfteren sagten, daß wir sie nun gar nicht mehr lieb hätten. Wir haben so mit der »Tat« die Kinder als Mensch mitverurteilt, denn unsere Eltern hatten es mit uns auch so gemacht, und es war für uns damals völlig richtig. Im Gegenteil, hätten wir gesagt: »Wir haben Dich lieb, aber Du hast einen Fehler gemacht«, dann wußten wir, hätte unser Erziehungsmuster versagt und wir hätten ihnen gleich noch Schokolade als Belohnung für ihre Fehler geben können.

Wenn sie z.B. im Garten, in der Küche, beim Bettenmachen helfen wollten, war es uns oft nicht schnell und perfekt genug. Wir machten es dann oft gleich selbst und schoben sie weg, oder wir machten es nochmal. Entweder fanden wir es zu gefährlich oder es war uns nicht schnell und nicht gut genug (wir hatten kein Vertrauen, wir waren zu perfekt, zu kritisch).

»Wir haben nur ihr Bestes gewollt« ... dieser Satz trifft bei uns voll zu ... und wir haben nach unsem damaligen Verständnis und Wissen auch unser Bestes gegeben, nur unsere Ausgangsposition war falsch. Das erkennen wir jetzt.

Als wir vor einigen Jahren die Individualpsychologie kennenlernten, erkannten wir erst, welche gravierenden Fehler wir gemacht hatten. Diese Erkenntnis half uns auch, besser damit umzugehen, wenn wir die Folgen unserer Erziehung betrachteten oder selbst zu spüren bekamen. (Die größte Schwierigkeit hatten die Kinder durch die fehlende Zielsetzung in Ausbildung und Beruf und in der Partnerwahl). Spät, aber hoffentlich nicht zu spät, begannen wir ganz sachte das Ruder umzudrehen. Wir übergaben sie immer mehr in ihre eigene Verantwortung, d.h. wir tun es immer noch. Jeden Tag geben wir ihnen damit ein kleines Stück Freiheit und Selbständigkeit zurück.

Die Anfänge zu diesem veränderten Umgang mit unseren Kindern stieß schon oft auf Widerstand. Mit vielen Mitteln und Tricks versuchten sie das altvertraute, gewohnte Verhalten wieder zu bekommen, und oft standen wir innere Kämpfe aus:

»Eigentlich muß ich doch jetzt helfen ... das kann sie doch wirklich nicht alleine machen, alleine entscheiden..... ich bin keine liebe Mutter, kein lieber Vater, wenn ich jetzt so hart bleibe ... die Bluse steht ihr doch so gut, die sollte ich ihr doch schenken ... aus meiner Erfahrung weiß ich einfach, daß man für eine solche (sowieso schon so unsichere) Reise viel mehr Geld braucht, als sie sich verdient hat, wir müssen unbedingt wieder etwas zuschießen«, usw.

Wir haben gelernt, daß das Verhalten unserer Kinder keine angeborene Faulheit, nicht angeborene Ziellosigkeit waren, sondern daß unsere Erziehung sie so hatte werden lassen. Mit dieser Erkenntnis waren und sind wir heute in der Lage - ihnen Schuldgefühle und Vorwürfe (wenn diese mal aufkommen wollen, denken wir immer an unseren Satz: Wir haben nach unserem Wissen und Verständnis unser Bestes gegeben, was wir geben konnten. Wir haben nicht wissentlich falsch gehandelt) zu ersparen und objektiv in unseren Kindern das zu sehen, was sie wirklich sind: liebenswerte, wunderbare Menschen. Wir sind in der Lage, ihre Fähigkeiten und Qualitäten und die Edelsteine in ihnen zu sehen. Ihnen Zeit und Liebe zu schenken, nicht für gute Ratschläge und Veränderungswünsche, sondern Zeit für sie selbst. Mit ihnen Kaffee trinken und Essen gehen, mit ihnen ein harmonisches Familienleben haben, in dem das Materielle nicht im Vordergrund steht, und auch wir als Eltern unsere Bedürfnisse und Wünsche aussprechen.

Es ist wie ein gegenseitiges Nehmen und Geben. Wir alle lernen, füreinander da zu sein und trotzdem oder gerade deshalb dem anderen seine Freiheit, seinen freien Willen, sein selbständiges Leben zu lassen. Wir sind heute glücklich mit unseren Kindern, und wir sind manchmal traurig, wenn wir sehen, wie schwer sie es haben, freie verantwortungsbewußte Menschen zu werden ... aber wir tun immer noch unser »Bestes«, jedoch heute aus einer anderen Sicht.

Wie wir es anders hätten machen können

Wir sind heute immer noch eine glückliche Familie, aber die Kinder haben es nicht leicht (und wir dadurch natürlich auch manchmal nicht), mit diesem Erziehungsmuster ihr Leben als selbständige, freie Menschen zu gehen....

Angenommen, wir hätten die Chance, es mit dem heutigen Wissen und den heutigen Erfahrungen noch einmal neu zu machen ... Wir würden versuchen, folgende fünf Aspekte in der Erziehung miteinander zu verbinden:

Ermutigung - Liebe - Gleichwertigkeit - Festigkeit - und Verantwortung übergeben, vom ersten Tag an.

Das bedeutet in der praktischen Konsequenz, daß wir ihnen die Verantwortung mit ganzem Herzen und im Vertrauen auf ihre wachsenden Fähigkeiten übergeben. Für alles, was sie ihrer jeweiligen Altersstufe gemäß selbst können, verbunden mit ständiger Ermutigung bei den Dingen, wo sie sich noch unsicher fühlen, z.B. Schuhe binden, Geschirr spülen, mit Messer und Gabel essen - und später alleine einkaufen gehen und wieder später Radtouren alleine machen usw.

Festigkeit würden wir zeigen, bei allen Dingen, die die Gemeinschaft und das Zusammenleben betreffen, also feste Übernahme von Pflichten und Aufgaben, die jedoch auf der Basis der Gleichwertigkeit erarbeitet werden - also durch Familienberatung, so früh wie irgend möglich.

Wir würden lernen, unsere eigene Ängstlichkeit (die schon bei unseren Eltern extrem stark ausgebildet war) und unseren Perfektionismus zu überwinden, um die Kinder ihre eigenen Maßstäbe finden zu lassen und ihnen nicht unsere mitzugeben. Sie müssen auch lernen, ihre eigenen Grenzen zu erfahren, und wir dürfen ihnen nicht unsere Grenzen überstülpen, die sich aus unseren Maßstäben, Prioritäten, Erfahrungen in der Kindheit entwickelt haben, d.h. wenn wir selbst ängstliche Autofahrer sind, verhalten wir uns heute unseren Kindern gegenüber nicht so, daß sie genauso ängstlich dabei werden. Wir ermutigen sie, wir bestärken sie in ihren Fähigkeiten - auch darin, wenn möglich, anders zu werden, als wir es sind.

Marita und Peter Zimmer

2. *Einfluß der Eltern? - Klar! Und das Kind?*

Theo Schoenaker

In den vorherigen Kapiteln wurde klar, wie man Kinder entmutigt, z.B. durch

- zu wenig Zuwendung
- überhöhte Forderungen und Erwartungen
- durch Verwöhnung
- durch Schläge
- durch Ungeduld und übertriebene Kritik

Jetzt haben diese Eltern sich Gedanken darüber gemacht, wie sie es, ausgestattet mit der heutigen Erfahrung und Weisheit, anders machen würden, aber damals - so geben sie fast alle ohnmächtig oder schuldbewußt zu - hätten sie es kaum anders machen können, und ich bin sicher: Jeder von uns hätte, gefangen in derselben äußeren und inneren Situation, ausgestattet mit den gleichen Möglichkeiten, genauso gehandelt.

Hast Du auch schon mal probiert, Dich gründlich zu ändern? Auch wenig Erfolg gehabt? Jeder Mensch ist, so wie er ist. Du kannst ja auch nichts dafür, daß Du geboren wurdest, daß Du aufgrund der Lebensstile der Eltern und den damaligen Lebensverhältnissen so erzogen wurdest, daß Du Deine Erfahrungen in Deiner eigenen Art verarbeitet hast und daß Du jetzt dort stehst, wo Du stehst.

Das entläßt Dich zwar nicht aus der Verantwortung, immer wieder Dein Bestes zu geben, aber daß Erzieher generell und grundsätzlich - Ausnahmen will ich mal dahingestellt sein lassen - bereit sind, das Beste für ihr Kind zu tun, daran gibt es keinen Zweifel. Trotzdem kannst Du nicht mehr bereitstellen, als das, was Du hast. Was stellst Du bereit? Dich selbst, so wie Du bist, und dadurch entsteht - in der Kombination mit Deinem Partner - eine ganz bestimmte Familienatmosphäre (z.B. der Traurigkeit, der Ängstlichkeit, des Ehrgeizes, der Fröhlichkeit oder der Leichtigkeit...) und ganz bestimmt Vorbilder. Das sind dann die typischen Verhaltensweisen, mit denen Eltern reagieren. Die Familienatmosphäre und die Vorbilder sind wichtige Orientierungen für das Kind, aber seine Entwicklung wird trotzdem nur zum Teil dadurch bestimmt.

2.1. Sind die Eltern schuld...

...wenn mit einem Kind etwas schiefläuft? Viele Eltern scheinen so zu glauben. Sie leben mit Schuldgefühlen und Selbstvorwürfen und sind dadurch weder Anlaß für eine fröhliche Familienatmosphäre, noch sind sie ein nachahmenswertes Vorbild für das Kind. Sind Eltern schuld? Manchmal schon; Beispiele erkannten wir in den Aufsätzen, aber wir haben nicht alles in der Hand. Wir können Kinder nicht einfach formen nach unseren Vorstellungen. Ich bin sicher, daß alle Eltern gerne gute Eltern sein möchten, wenn sie die Wahl hätten. Sie haben aber nicht immer die Wahl, und die Kinder werden trotz aller Bemühung meistens nicht so, wie wir sie gerne hätten.

Wenn Antonia, meine Frau, und ich in unserem Institut für Sprechbehinderte, wo wir nur mit erwachsenen Stotterern arbeiten, einen Informations-Nachmittag organisieren, laden wir auch die Eltern ein. Es sind Eltern von »Kindern« zwischen 18 und 50 Jahren. Es ist bemerkenswert, wie wenig Eltern auf unsere Einladung reagieren. Die meisten kommen nicht. Nicht, weil sie sich nicht interessieren für das, was für das Wohl ihres Kindes im Sinne der Stottertherapie getan wird, sondern weil sie Angst haben vor Schuldzuweisung. Auch wenn wir in unserer Einladung zum Ausdruck bringen, daß sie davor keine Angst zu haben brauchen, können wir ihnen diese Bedenken offensichtlich nicht nehmen. Einige Eltern haben noch Narben von früheren Beratungsgesprächen, wo sie mit ihrem sprechgestörten Kind hingegangen sind und dann diese sogenannte Wahrheit - schuld zu sein - zu verdauen bekommen haben. Dabei ist Stottern nur eine der Möglichkeiten, mit denen entmutigte Kinder reagieren. Andere reagieren mit Bettnässen, mit Nägelkauen, mit Weinen, mit Lästigsein oder entwickeln sich zu kränklichen Sorgenkindern usw. Sind die Eltern immer schuld, wenn mit dem Kind etwas nicht in Ordnung ist?

Hier sind einige Beispiele:

- Veronika ist jetzt 16 Jahre alt. Sie erzählt die folgende Geschichte: »Wir waren zuhause elf Kinder. Ich war das achte Kind. Mein Vater hatte einen kleinen landwirtschaftlichen Betrieb, wovon wir gerade leben konnten. Das höchste Ziel des Lebens war arbeiten. Wir mußten alle schon ganz bald mithelfen, auf dem Feld und im Haushalt. Ich hatte als Kind immer das Gefühl, daß niemand Zeit für mich hatte. Meine Mutter hatte nur Zeit, wenn sie Kartoffeln schälte. Ich hatte aber eine ältere Schwester, die sich um mich kümmerte und lieb zu mir war. Als ich sechs Jahre alt war, emigrierte sie nach Kanada. Ich glaube, daß an diesem Tage mein Stottern angefangen hat.« Daß die Eltern wenig Zeit für Veronika hatten, kann man aus der gegebenen Situation verstehen. Daß das Kind ein Stück Sicherheit verlor, als die Schwester emigrierte, kann man auch verstehen. Daß aus dieser Unsicherheit heraus Stottern entsteht, das kann vorkommen, aber wer ist nun eigentlich schuld?

- Dietrich war vier Jahre alt, als noch ein Bruder geboren wurde. Bis dahin war Dietrich der König in der Familie gewesen. Er war das erste Erziehungsexperiment der Eltern und das erste Enkelkind der Großeltern. Er wurde auf Händen getragen, und alle seine Entwicklungsschritte wurden mit Ermutigung, Lob oder Applaus begrüßt. Als er, so klein wie er war, anfing zu singen, hat die ganze Familie gestaunt und ihn ermutigt weiterzumachen.

Jetzt, nach vier Jahren Alleinherrschaft, liegt dann plötzlich ein Eindringling auf dem Tisch, den er nicht hereingebeten hat. Die Mutter beschäftigt sich ständig mit dem Neuen, und wenn Dietrich die Mutter braucht, sagt sie, er soll doch ruhig sein und spielen. Die Besucher schauen von nun an zuerst in die Wiege, und danach bekommt Dietrich seine Begrüßung. Wenn er jetzt seine bis dahin erfolgreiche Methode des Singens einsetzt, bekommt er keine Ermutigung, sondern jeder ruft, er solle still sein, weil er sonst das Baby stört. Dietrich versteht von der ganzen Sache nicht viel. Er weiß nur eines: »Ich habe hier keinen Platz mehr, man liebt mich nicht mehr.« Diese Überzeugung erschüttert sein Selbstwertgefühl, und aus dieser Unsicherheit heraus fällt er einerseits zurück in die Phase des Bettnässens, und er findet schon bald heraus, daß man sich mit ihm beschäftigt, sobald er weint und stört. Wer ist da nun schuld?

- Ellis Eltern arbeiteten beide. Die Umstände zwangen die Mutter, bald nach Ellis Geburt wieder arbeiten zu gehen. Die Eltern hatten sich viel Gedanken darüber gemacht, und es wurde so geregelt, daß das Kind jeweils zwei Tage zuhause und zwei Tage bei der Großmutter mütterlicherseits lebte. Beide Parteien taten ihr bestes, damit es dem Kind an nichts fehlte. Elli hat schon sehr früh Signale der Ängstlichkeit gegeben. Sie ist still, hat keine Freundinnen, ist am liebsten alleine, spielt und redet am liebsten mit ihrem Teddybär. Sie hat ernste Beziehungsprobleme, hat kein Vertrauen zu Menschen und fühlt sich nirgendwo zuhause. Die Eltern meinten, das Problem Kind/Arbeit gut gelöst zu haben. Elli hat sich jedoch hin- und hergeschoben gefühlt und weiß jetzt immer noch nicht, wo sie hingehört. Eine vage Angst sagt ihr: »Wenn ich mich einem Menschen anvertraue, muß ich wieder weg.« Sind die Eltern schuld?

Ich will mit diesen Beispielen klarmachen, daß Kinder zwar gute Wahrnehmer sind - dafür haben sie auch so schöne, große Augen -, aber sie können ihre Situation nicht gut deuten. Das Kind hat seine eigenen Gedankengänge, die nicht immer im logischen Zusammenhang zu der wirklichen Situation stehen, es ist auf seine Weise kreativ.

Dietrich hat die Geburt des jüngeren Geschwisters als Entmutigung aufgefaßt und ist zu einem bettnässenden Störenfried geworden. Ein anderes Kind hätte seine Kreativität möglicherweise so eingesetzt, daß es der große Beschützer und fürsorgliche Bruder für das zweite Kind geworden wäre. Elli hat Beziehungsprobleme entwickelt. Ein anderes Kind hätte aus diesen Angeboten, mal von den Eltern, mal von den Großeltern erzogen zu werden, so Gebrauch machen können, daß es gerade ein weltoffenes, kontaktfähiges Kind geworden wäre, das sich schnell anpassen kann und bei anderen Menschen schnell heimisch fühlt.

Nein, wir können Kinder nicht »machen«! Die Kreativität des Kindes ist der entscheidende Faktor in der Entwicklung des Charakters. Wer diesen Faktor nicht erkennt, macht es sich zu leicht, den Eltern die Schuld zuzuschieben, wenn mit einem Kind etwas nicht in Ordnung ist. Daß Eltern aus Mangel an Möglichkeiten oder Information nicht immer das im psychologischen Sinne richtige getan haben, um Fehlentwicklungen nach Möglichkeit zu beeinflussen bzw. zu vermeiden, das ist keine Frage von Schuld oder Unschuld.

2.2. Der Platz in der Kinderreihe

So wie auch Du, kommt auch Dein Kind zur Welt auf die Bühne des Lebens, im 2. Akt des Schauspiels »Dies ist mein Leben!« Es gibt verschiedene Rollen. Es gibt eine Vater-, Muter-, Oma- und Bruderrolle. Diese Rollen sind schon besetzt. Das Neugeborene weiß noch nicht, welche Rolle es spielen wird, es weiß nur: »Ich will mitspielen, ich will auch meine Rolle, meinen Platz in diesem Spiel.« Dieses Streben nach Zugehörigkeit verleiht ihm die Fähigkeit, sich anzupassen, die Sprache und die Gewohnheiten, die es braucht, zu lernen, und auch die anderen Spieler gut zu beobachten, um schließlich zu verstehen, in welcher Weise es seine eigene Rolle spielen kann. Es wird lieber eine Rolle spielen, die noch unbesetzt ist, als eine zu kopieren, die schon von einem der Geschwister gespielt wird. Die Kreativität des Kindes ist darauf gerichtet, sich einzuordnen, einen eigenen Platz zu finden und sich zugehörig zu fühlen. Dies wird am Zweitgeborenen leicht erkennbar.

In den meisten Fällen entwickeln zwei kurz nacheinander geborene Kinder sehr unterschiedliche Verhaltensweisen. Das Zweitgeborene entwickelt sich in den meisten Fällen als Gegensatz zum Erstgeborenen. Wenn das erste ein aktives Kind ist, neigt das zweite vielleicht zur Passivität - oder ist eher ein ruhiges Kind. Wenn das erste das brave Kind ist, wird das zweite oft das lästige. Wenn das erste eine technische Begabung hat, entwickelt das zweite vielleicht seine musischen Seiten. Wenn das erste gut und gerne lernt, findet man das zweite auf dem Sportplatz mit seinen Freunden. Wenn beide Kinder gut lernen können, verteilen sie innerhalb dieses Bereiches die Rollen; das eine ist gut in Mathematik, das andere besser in Sprachen. Wenn das erste ein selbständiges Kind ist, findet das zweite durch seine Abhängigkeit seinen Platz. Die Reihe von Beispielen kann beliebig erweitert werden mit Varianten, die wir aus unserem eigenen Leben oder von Personen aus unserem Lebenskreis kennen. Mann kann hier mit Gewißheit sagen, daß das Kind sich »entscheidet«; zwar unbewußt, aber dennoch entscheidet. Wir erkennen durch diese Beispiele auch, daß das Bedürfnis, eine eigene Rolle zu spielen und sich auf diese Weise zugehörig zu fühlen, stärker wirkt als die Veranlagung. Durch die Geschwisterkonkurrenz bleibt manche Veranlagung unentwickelt, weil ein anderes Geschwisterteil den betreffenden Platz schon belegt hat.

Nachdem das Kind, auf der Suche nach einem eigenen Platz, seine eigene Rolle gewählt hat, präsentiert es den Eltern seine »Visitenkarte«. Das Kind, das schon einen Bruder hat, der das gute, angepaßte Kind ist, wird wissen, daß es so gut wie sein Bruder nie sein kann und entscheidet sich für das Gegenteil. Mit seinem Verhalten ärgert und irritiert es die Eltern, ist lästig und störrisch. Es ist, als würde es den Eltern seine Visitenkarte zeigen: »Ich bin das lästige, das böse Kind!« Die Eltern reagieren darauf mit Ermahnung, Kritik und Strafe. Das Kind fühlt sich dadurch in seiner Rolle bestätigt. Das »gute« Kind wird durch Ermutigung und Anerkennung in seiner Rolle bestätigt und wird dadurch immer besser, und das »schlechte« Kind wird durch Kritik und Strafe immer mehr entmutigt und lästiger.

Sicher liegt hier für die Eltern eine Aufgabe, zu lernen, wie man mit entmutigten Kindern umgehen kann, aber Kinder, die sich nicht geliebt fühlen, können es den Eltern ungeheuer schwer machen zu zeigen, daß sie sie lieben.

Jedes Kind erlebt seinen Platz in der Familie anders und bildet sich dadurch eigene Meinungen. Das Einzelkind kann sich als Mittelpunkt erleben und meinen, es habe ein Anrecht darauf, immer, auch im Erwachsenenalter, im Mittelpunkt zu stehen. Das erstgeborene Kind kann es als ungerecht erleben, daß das zweite ihm seinen Platz wegnimmt und erwarten, daß auch andere Menschen - auch noch im Erwachsenenalter - es ungerecht behandeln wollen. Das zweite Kind kann durch ständige Aktivität versuchen, das erste zu überholen und meinen, es habe nur einen Platz im Leben, wenn es immer eifrig ist und besser als andere. Das mittlere Kind kann sich ungeliebt fühlen, weil das erste und das dritte Kind Rechte bzw. Vorrechte haben, die es noch nicht oder nicht mehr hat. Es ist z.B. zu jung, um so spät wie das erste ins Bett gehen zu dürfen, und es ist zu alt, um wie das jüngste Windeln zu bekommen. Es kann die Meinung entwickeln, nur durch störendes Verhalten, durch Schwächen oder Krankheit einen Platz zu haben. Meinst Du nicht auch, daß es ziemlich unsinnig ist, bei den vielen Möglichkeiten, die dazu führen können, daß ein Kind wird, so wie es wird, die

Schuldfrage zu stellen, wenn man in der gegebenen Situation das Beste tut, was man tun kann? Und in dem, was Du tun kannst, bist Du ja auch nicht unbegrenzt. Du bist ja auch nicht ein neutrales Etwas.

2.5. In der Rolle Deiner Eltern

Ich habe einen Vorschlag: Schreibe doch mal so einen Aufsatz, wie die Mitarbeiter an diesem Buch es gemacht haben, nicht über Deine Kinder, sondern: Stelle Dir vor, Du wärst Deine Mutter oder Dein Vater. Du setzt Dich hin und schreibst aus der Sicht dieses Elternteils darüber, wie Du Dein Kind, (nämlich Dich) entmutigt hast, und wie Du es gerne hättest anders machen wollen. Du mußt dann zwar um ein paar Ecken denken, aber für einen regnerischen Abend ist dies eine wunderbare, gewinnbringende Idee. Es wird Dir mehr für Deine eigene Entwicklung und die Sicht auf die Erziehungssituation Deines Kindes bringen, als manch ein Erziehungsbuch.

Laß es Dir gutgehen! Du bist wie alle anderen Menschen wie eine wunderschöne Blume im Garten der Schöpfung. Deine Aufgabe ist es nicht, eine andere Blume zu werden, sondern Dich als Blume so gut wie möglich zu entwickeln. Nimm Dich selbst an, so wie Du bist, dann trägst Du mehr zu einer guten Familienatmosphäre bei, als wenn Du ständig versuchst, auf eine große Veränderung hinzuarbeiten. Die Kindererziehung ist eine so große Aufgabe, daß man sie nicht ohne Fehler bestehen kann, und es gab wohl keine Zeit in der Entwicklung der Menschheit, zu der es so schwierig war, Kinder zu erziehen. In der Vergangenheit hatten Eltern ihre Vorbilder in ihren eigenen Eltern. Wir stehen aber in einer Entwicklung, die sich von Tag zu Tag und von Jahr zu Jahr so rasch entfaltet, daß all die früheren Maßstäbe einfach keine Gültigkeit mehr haben. Ohne Fehlermachen kannst Du nicht erziehen. Du kannst Dich bei Deinem Kind entschuldigen; Du kannst nachdenken, Du kannst lernen, und Du kannst es das nächste Mal etwas besser machen, aber Dich von Grund auf ändern ... vergiß es.

2.4. Das Gespräch mit den Kindern

Einige Eltern, die ich eingeladen hatte, mit einem Beitrag an diesem Buch mitzuarbeiten, fühlten sich dazu noch nicht in der Lage, aber sie haben einen wunderbaren Schritt getan. Sie haben sich mit ihren jugendlichen oder erwachsenen Kindern zusammengesetzt und ein langes Gespräch gehabt. Sie haben die Kinder gefragt, wie sie aus ihrer Sicht ihre Erziehung sehen und gebeten, keine Hemmungen zu haben, frei zu sagen, was nach ihrer Meinung die Eltern falsch gemacht haben. Einige hatten den Mut, ihre Kinder um Verzeihung zu bitten, und in allen Fällen ist das gut angekommen. Es haben sich gute Gespräche entwickelt, da auch die Eltern aus ihrer Sicht über die Situationen von damals berichteten. Eine Mutter sagte: »Als die wichtigsten Dinge gesagt waren, haben die Kinder mich wirklich so lieb getröstet und gesagt: 'So wie Du uns erzogen hast, so hast Du wirklich das Beste getan!' - Sie haben auch erkannt, daß auch sie selbst Fehler machen werden und haben ihre Hochachtung ausgedrückt für meine Bemühungen. Das war einer der schönsten Momente, und seitdem bin ich wirklich frei von Schuldgefühlen. Daß ich meine Kinder um Verzeihung gebeten habe, ist, so glaube ich, ein ganz notwendiger Schritt, mit den Kindern auf der Stufe der Gleichwertigkeit über die Erziehung zu sprechen.«

Ein anderes Ehepaar, das ähnliche Erfahrungen gemacht hat, empfiehlt: »... mit den Kindern, egal wie alt die Eltern oder Kinder sind, darüber zu sprechen: Was haben wir gut gemacht, was haben wir falsch gemacht, und was ist dabei als Ergebnis schließlich herausgekommen?« Auch darin liegt ein Trost. Die Kinder haben, wie auch Du selbst, ein Päckchen zu tragen, das wohl aus der Kindheit stammt, aber so wie Du werden auch Deine Kinder an diesem Päckchen wachsen und sich weiterentwickeln. Die Erziehung ist ja schließlich mit Deinem Beitrag nicht abgeschlossen. Jeder Mensch ist ein einzigartiges Kunstwerk, an dem er selbst ein Leben lang weiterarbeiten darf. Das, was Du als Erziehungsfehler annimmst, sind für Kinder oft unschätzbare Lebenserfahrungen.

Und wenn Deine Kinder noch zu klein sind, um solche Aussprachen zu haben, dann bedenke, daß Du selbst immer wieder lernen kannst, Dein Kind besser zu verstehen und anders zu reagieren. Allein die Tatsache, daß Du jetzt hier sitzt und dieses Buch liest, kann für Dich ein Grund sein, etwas zufriedener zu sein, und das ist besser, als Schuldgefühle zu haben.

3. *Mut tut gut zwischen Eltern und Kindern*

Theo Schoenaker, Julitta Seitzer, Gerda Wichtmann

»Leute, die keine Kinder haben, die haben gut reden. Was verstehen sie denn schon von der Überforderung einer Mutter von kleinen Kindern? Was von der Fähigkeit eines Kindes, die Eltern herauszufordern. Was von der Verzweiflung der Mutter, die sich mit den Kindern einsam fühlt, weil sie sich von ihrem Mann im Stich gelassen fühlt. Was verstehen Leute, die keine Kinder haben, von dem Vater, der unter dem Druck der Arbeit abends müde nach Hause kommt, seine Ruhe oder seine Zuneigung sucht bei seiner Frau, die sich auf sein Kommen gefreut hat, um endlich einen Ansprechpartner zu haben, und wenn gerade dann die Kinder nicht ins Bett wollen und ein Theater veranstalten, wie das bei uns oft so ist..., dann kann ich manchmal nur noch weinen, schreien oder um mich herumschlagen. Ich versteh' schon, daß das ein Mangel an Mut ist, aber was soll ich denn machen? In solchen Situationen helfen mir die besten Ratschläge und die besten Erziehungsbücher alle nicht.«

Wenn wir nicht mit unserer typischen Lebenssituation, unseren Stimmungen, Schwächen, Ängsten, Bedürfnissen und innerem Unfrieden dazwischenstehen würden, könnten wir anders reagieren und unseren Kindern die Erzieher sein, die wir immer so gerne sein wollten.

Es ist auch wahr, daß wir in der Situation, aufgeregt durch ein störendes oder herausforderndes Kind, selten nach theoretischen Kenntnissen reagieren. Es ist auch wahr, daß das Wissen um »wie man es hätte besser machen können/sollen« dann nur belastend ist. Schuldgefühle sind der Preis für das Wissen um bessere Möglichkeiten. Trotzdem, ohne Wissen, ohne Information - über einen richtigeren Weg, wenn man sich verlaufen hat - ist die Verzweiflung größer und die Dunkelheit dichter.

»Hätte ich das nur früher gewußt«, hören wir des öfteren Eltern sagen, die an einem Encouraging-Training teilnehmen. »Ich hätte nicht nur Mittel in der Hand gehabt, um es besser zu machen, ich hätte auch mehr Hoffnung und Vertrauen gehabt.« Es hätte sie vielleicht auch belastet, wenn sie wissend Dummheiten in der Erziehung wiederholt hätten, aber der Anfang für ein neues Verhalten ist doch oft: »Aha, ja, ja ich kann's ja auch anders probieren«. Dafür haben die Erzieher in den vorigen Aufsätzen Ideen geliefert.

Aber warum schimpfen, kritisieren, schlagen wir Kinder? Warum lehnen wir sie ab und entziehen ihnen unsere Liebe? Warum sagen wir, daß sie böse sind? Warum drohen wir mit Strafe? Weil wir es selbst so erlebt haben, weil alle es so machen, weil es uns im Fernsehen modelliert wird, und weil es unser kulturelles und biologisches Erbe ist, wo wir gelernt haben, zu nehmen, was wir brauchen und aus dem Weg zu räumen, was uns stört. Na bitte, das ist ja eine ganze Menge. Ja, und auch, weil wir tief in uns glauben, daß es richtig ist, und weil wir die Kritikfalle nicht erkennen.

3.1. Die Kritikfalle

Kinder, die sich zugehörig fühlen, sind zufriedene Kinder, sie stören nicht. Wenn sie aber glauben, nicht dazuzugehören, tun sie etwas, um wahrgenommen, beachtet zu werden. Sie erregen die Aufmerksamkeit der Erwachsenen, oft durch störendes Verhalten.

3.1.1. Stören lernen

Viele störende Verhaltensweisen entstehen aus dem unbewußten Wunsch nach Aufmerksamkeit. Unnütze, aber auch manche für das Kind sinnvolle Verhaltensweisen werden durch Erwachsene mit besonderer Aufmerksamkeit belegt und werden dann vom Kind als Mittel zur Aufmerksamkeit erkannt und wiederholt. Ermahnungen, Kritik, Schimpfen sind eine Art von Aufmerksamkeit, die Kinder für ihr störendes Verhalten bekommen, wenn sie glauben, mit nützlichen Beiträgen ihren Platz nicht finden zu können.

Obwohl es sicher schöner ist, Ermutigung anstatt Kritik zu bekommen, erfüllen auch Kritik, Belehrung, Schimpfen das Kind mit einer gewissen Art der Befriedigung in seiner Suche nach Beachtung und Aufmerksamkeit. Sogar Schläge sind besser, als übersehen zu werden. Es kann Angst vor Schlägen haben, aber trotzdem wird die Angst mit der Befriedigung der Zuwendung gekoppelt.

Schenken wir dem Kind als Reaktion auf störendes Verhalten unsere Aufmerksamkeit, egal welcher Art, so sehen wir in den meisten Fällen kurzfristige Verbesserungen. Ein Kind, das anfängt zu stottern und ermahnt wird, doch ruhiger zu sprechen, spricht als Reaktion auf die Ermahnung wesentlich besser bis störungsfrei. Dies nicht, weil es erkennt, daß besseres Sprechen nützlich ist und dieses lernen will, sondern weil es die gewünschte Zuwendung bekommt. Ein entmutigtes Kind wird dieses Störverhalten auch nicht aufgeben, solange die Erzieher es mit Zuwendung belegen, denn mit dem »Stottern« würde es ja auch die Aufmerksamkeit verlieren.

Wenn ein Kind laut ist in Anwesenheit von Erwachsenen, und es wird ermahnt, ist es danach ruhiger. Wenn wir Kinder kritisieren, reagieren sie kurzfristig mit angepaßtem Verhalten. Das ist die Kritikfalle. Wir sehen die positiven Auswirkungen von Ermahnen, Kritik, Schimpfen usw. und schließen daraus, daß das richtig war. Das ist aber genau die

Falle. Überblicken wir nämlich einen längeren Zeitraum, so erkennen wir, daß das Störverhalten des Kindes immer wieder kommt und sogar zunimmt. Es lernt zu stören. So ist es verständlich, daß Eltern manchmal seufzen und sagen: »Wie oft muß ich Dir das noch sagen«, oder: »Das habe ich Dir schon 100 mal gesagt.« Gerade weil sie es so oft sagen, müssen sie es immer wieder sagen.

Einige Lehrer, die unter der Leitung von Psychologen mit einer Schulanfängerklasse arbeiteten, machten genau solche Erfahrungen mit der Kritikfalle. Am Anfang, so notierten die beobachtenden Psychologen, entfernten sich etwa alle 10 Sekunden drei Kinder von ihren Plätzen. Die Lehrer sagten etwa 7 x in 20 Minuten: »Setzt Euch!« In verschiedenen Abschnitten des Experiments bekamen die Lehrer Anweisungen, wie oft sie »setzt Euch« sagen sollten. Ja, Du vermutest richtig: je öfter die Lehrer sagten »setzt Euch«, desto öfter standen einige Kinder auf, obwohl sie sich als erste Reaktion auf die Rüge hinsetzten.

Auch diese Lehrer hätten geseufzt und gesagt: »Wie oft muß ich Euch noch sagen: setzt Euch. Ich hab's Euch doch schon 100 x gesagt«, wenn sie nicht bewußt miterlebt hätten, daß weniger »setzt Euch« zu weniger Aufstehen führte, und daß mehr »setzt Euch« das Störverhalten noch stärker hervorrief.

Diese und andere Versuche zeigen, daß man unerwünschtes Störverhalten bei Kindern innerhalb weniger Wochen von 8 bis auf 50% hinaufschrauben kann, lediglich durch die Aufmerksamkeit, die man diesem Verhalten schenkt! Wesentlich effektiver ist es, die Kritik trotz häufigem Störverhalten zu reduzieren und die Aufmerksamkeit auf das Positive zu lenken.

3.1.2. Stottern lernen

Aus eigener logopädischer Praxis kenne ich folgende Situation: Manche Erwachsene kommen mit etwa 20 Jahren zu uns, lernen wesentlich besser sprechen oder leichter mit ihrem Stottern umgehen; wir verlieren sie aus den Augen, sie heiraten und bekommen Kinder. So kommt es nicht selten vor, daß jemand anruft und sich meldet mit der Mitteilung, er sei einer unserer früheren Patienten, habe jetzt ein Kind und mache sich Sorgen, weil es jetzt anfängt zu stottern. Oft sagt er dazu: »Ich habe noch in Erinnerung, daß Ihr während der Therapiezeit mal erzählt habt, daß ich solchem auftretenden Stottern keine Aufmerksamkeit schenken soll, aber ich habe Angst, daß es schlimmer wird, wenn ich dem Kind nicht sage, wie es dies besser machen soll. Deshalb sage ich, wenn es wieder zu stottern anfängt: »Sprich langsam!« oder: »Beruhig' Dich doch!« oder: »Atme doch erst mal ein!« Danach geht es oft besser.«

Nach so einer Information wissen wir, daß es sich hier um ein Kind handelt, das sich nicht zugehörig fühlt. Hier ist ein Kind, das sich unsicher fühlt über seinen Platz - oder glaubt, daß es so, wie es ist, nicht sein darf. Deswegen sprechen wir mit dem Anrufer über die Situation, in der das Kind sich befindet. Es stellt sich dann z.B. heraus, daß es der fünfjährige Sohn ist, der zu stottern angefangen hat. Vor ihm ist noch eine zwei Jahre ältere Schwester. Sie ist Vaters Liebling. Vater hilft der Schwester, wenn er abends nach Hause kommt, bei den Hausaufgaben. Der Sohn kommt sich wie ein Störenfried vor, wenn er auch etwas vom Vater haben will.

Der Vater sagt ihm, daß er stört und lästig ist und schickt ihn weg. Aus der Unsicherheit, die in dem Jungen entsteht, wächst das Zögern und Wiederholen im Sprechen. Jetzt wird Vater in einer besonderen Weise auf ihn aufmerksam, denn Stottern, so weiß Vater, ist etwas ganz Schlimmes. Jetzt würde er am liebsten dem Sohn das richtige Sprechen beibringen, und so läuft er in die Kritikfalle, denn der Junge »weiß«, wie er Vater an sich binden kann. Er braucht nur zu stottern, und dann ist Vater zur Stelle. Er spricht zwar auf Vaters Anweisung hin flüssig, aber das ist nur in dem Moment so. Über die ganze Linie wird das Sprechen nicht besser, und er wird es auch nicht aufgeben, solange er glaubt, daß hier der einzige Weg ist, Vaters Zuwendung zu bekommen.

3.1.3. Stottern verlernen

Vater bekommt die Empfehlung, den Jungen mehr zu ermutigen, mehr mit ihm zu spielen, ihn auch mal Einzelkind sein zu lassen, indem er ihn an einem freien Tag mit rausnimmt, sodaß er seinen Vater für sich alleine hat, und es wird ihm empfohlen, dem stotternden Sprechen keine Aufmerksamkeit zu widmen. In den meisten Fällen dauert es nicht länger als drei Monate, manchmal auch nur drei Wochen, dann kommt der nächste Telefonanruf mit der glücklichen Mitteilung der Eltern, daß der Spuk vorbei ist. Wenn Vater in der gerechten Verteilung seiner Zuwendung zu beiden Kindern nicht »rückfällig« wird, wird das Kind es auch nicht. Ich habe Dir dies alles erzählt, weil Du Stottern durch alle andere störenden Verhaltensweisen ersetzen kannst.

3.2. Die positive Sichtweise

Obwohl auch wir Erwachsene genug Erfahrungen machen, daß wir durch Druck, Kritik und Kontrolle unser Verhalten nicht wirklich ändern, haben wir es schwer zu glauben, daß Kinder lernen können, sich zu entwickeln und zu nützlichen Menschen zu werden, wenn wir sie nicht ständig auf ihre Fehler aufmerksam machen.

Wie hat sich das eigentlich so entwickelt? Dem muß doch irgendein Glauben, wenn auch unbewußt und wenn auch von früheren Generationen, zugrundeliegen.

Wir sind gefangen durch das Erziehungsprinzip von Strafe und Belohnung, das wir durch Adam und Evas Vertreibung aus dem Paradies kennen. Wir haben gelernt: Der Mensch ist von Natur aus böse. Wenn man Böses getan hat, muß man bestraft werden, und nur durch Strafe werden Menschen wieder gut! Stimmt das? Sind geschlagene, abgewertete, gedemütigte Kinder später bessere Menschen? Wir kennen alle die Antwort: Nein! Gibt es für unsere heutige Zeit vielleicht andere Überlegungen? Ja, es gibt sie.

Gehen wir doch für einen Moment mal davon aus, daß Menschen nicht schlecht sind, daß man also nicht ständig auf Schlechtigkeit lauern muß, um diese dann mit der Wurzel auszurotten, sondern gut sind. Gehen wir mal davon aus, daß das Kind ein angeborenes Bedürfnis nach Entwicklung, nach Beitragen und nach Gut-sein hat und sich sozial positiv entwickelt, wenn es in einer ermutigenden Umgebung lebt, die richtigen Vorbilder hat und freie Wahlmöglichkeiten.

3.2.1. Ich schaff' das schon

Rolf Zuckowski dichtete einmal in einem Lied (Deutsche Grammophon Ges., Polydor, CD 847 066-2):

Als Maike knapp ein Jahr alt war,
da konnte sie längst stehn.
Sie übte unermüdlich
an der Wand entlang zu gehn.
Drei Schritte hat sie leicht geschafft
und fast den vierten auch,
doch sie entschied sich lieber
für 'ne Landung auf dem Bauch.

Sie sah sich um
und hat gelacht
und hat vielleicht zum ersten Mal gedacht:

Ich schaff das schon,
ich schaff das schon,
ich schaff das ganz alleine.

Ich komm bestimmt,
ich komm bestimmt
auch wieder auf die Beine.
Ich brauch dazu,
ich brauch dazu,
vielleicht 'ne Menge Kraft,
doch ich hab' immerhin
schon ganz was anderes geschafft.

Als Maike in der Schule war,
da ging's ihr ziemlich gut,
nur wenn sie im Sport am Barren stand,
verlor sie fast den Mut.
Besonders wenn die Klasse sah,
wie sie sich dabei quälte.
Am liebsten wär sie abgehau'n
und viel hat nicht gefehlt.

Doch sie stand da
und hat gedacht:
Da muß ich durch, das wäre doch gelacht.

Ich schaff das schon,
ich schaff das schon,
ich schaff das ganz alleine.
Ich komm bestimmt,
ich komm bestimmt
auch wieder auf die Beine.
Ich brauch dazu,
ich brauch dazu
vielleicht 'ne Menge Kraft,
doch ich hab immerhin
schon ganz was anderes geschafft.

3.2.2. *Lernen durch Fallen und Aufstehen - Versuch und Irrtum*

Jedes Kind wird, wie Maike durch Aufstehen das Fallen überwinden, weil es ein Modell für das Gehen als unbewußtes Ziel in sich trägt. Solange die Erwachsenen es nicht kritisieren, wenn es fällt, sondern lieber mit dem Kind mitlachen, wird es laufen lernen, indem es einen eigenen Entwicklungsprozeß durchmacht. Diesen Prozeß können wir nicht beschleunigen, und wir können auch das Fallen und Aufstehen nicht überschlagen.

Gehen wir noch einmal zurück zum Sprechenlernen. Ein Kind fängt zunächst an zu lallen, mit der Stimme zu spielen und Laute zu bilden. Jeder Erwachsene ist über diese Ansätze erfreut und reagiert dementsprechend positiv ermutigend, weil er weiß, daß dies Übungen sind, die zum Sprechen führen. Er stellt sich schon vor, wie das Kind in Zukunft sprechen wird. Hierin drückt sich das Vertrauen des Erwachsenen in die noch fehlerhaften Versuche des Kindes aus. Er kommt nicht auf die Idee, das Kind zu kritisieren und es auf Fehler aufmerksam zu machen. Er weiß, daß gerade in dem »Fehlermachen«, d.h. in diesen Stufen der Unvollkommenheit, der Weg zum Lernen liegt. So kann das Kind sich in einer Umgebung, wo man seine Entwicklugsstufen versteht und es »Fehler« machen läßt, d.h. in einer fehlerfreundlichen Atmosphäre, schneller entwickeln und auch mehr lernen. Das Kind ahmt ja nicht alle Worte, die der Erwachsene ihm vorsagt, nach. Es scheint, daß im Kind eine eigene Richtung angelegt ist, die es auf seine Weise zum gewünschten Ziel führt. Der Erwachsene kann dabei das Kind unterstützen, d.h. ihm positive Möglichkeiten bieten oder hinderlich sein durch Kritisieren, aber er kann das Sprechen, das Gehen, das Essen und alle persönlichen und sozialen Fähigkeiten des Kindes nicht machen, und er hat im Normalfall auch keinen Einfluß auf die Dauer und den Zeitpunkt dieses Entwicklungsprozesses. Diese Sichtweise findest Du in der angegebenen Literatur.

Die Erziehungsmethoden von Maria Montessori bauen auf diese positive Sichtweise des Kindes auf. Ihre Theorien entstanden aus der Beobachtung von Kindern, d.h. aus der Praxis. In Montessori-Kinderhäusern können wir täglich beobachten, wie sich Kinder ganz in ihr Spiel bzw. in ihre Aufgaben vertiefen, weil sie sich Tätigkeiten wählen dürfen, die ihrem Entwicklungsstand und ihrem Interesse gemäß sind. Die Kinder folgen dabei nicht zufälligen Impulsen, sondern diese Tätigkeiten nehmen ihren Ausgang in Handlungen, die die Kinder in ihrer Umgebung beobachtet haben.

Ein Eineinhalbjähriger sitzt zum Essen am Tisch und versucht immer wieder, den Löffel zum Munde zu führen. Viele Versuche mißlingen. Essen fällt herunter, der Mund wird nicht richtig getroffen. Doch ohne zu verzagen und sich über seine mißlungenen Versuche zu ärgern, probiert er den gleichen Vorgang immer wieder, als würde er denken »ich schaff das schon!« (Bei großem Hunger sieht diese Situation natürlich anders aus). Dieses Erlernen und der Gebrauch des Löffels ist keineswegs bloße Nachahmung. Das Kind trägt eine unbewußte Vorstellung des Endzieles in sich und arbeitet darauf hin. Es hat das »Essen-mit-dem-Löffel« als Modell der Eltern in sich aufgenommen und wird, wenn wir ihm seine Übungszeit lassen und Unvollkommenheit nicht mit besonderer Aufmerksamkeit belegen, ein perfekter »Löffler« werden. Wenn wir Vorbild sind und Vertrauen darin haben, daß das Kind »es« schafft und wir ihm nicht den Mut zur Entwicklung, die es von Natur mitbringt, nehmen, wird es sich prächtig entwickeln.

4. Laß es Dir gut gehen

*Theo und Antonia Schoenaker**)

»Es ist wichtig, was wir tun; noch viel wichtiger ist, wie wir sind und wie wir leben«, schreibt Dr. med. Albrecht Schottky im Vorwort dieses Buches, und Erna van Dijk, die 80-jährige, sagt auf Seite 60: »... sondern tut gemeinsam etwas für Eure Persönlichkeitsentwicklung, sodaß Ihr mit Euch selbst in Frieden lebt. Alles andere ist dann so viel einfacher.« Gabriele Scharnhorst spricht davon, daß durch die Konzentration auf das Negative jegliche Leichtigkeit fehlt.

»Laß' es Dir gut gehen« heißt: Sorge dafür, daß Du Dich zugehörig und wohl fühlst in Anwesenheit Deines Partners, und auch, wenn Du alleine bist. Vielleicht hast Du in der Beziehung zum Ehepartner etwas zu klären oder zu üben, dann tue das und laß nicht die Kinder zwischen Euch treten.

Sorge, daß Du Dich wohlfühlst in der Beziehung zu Deinen Eltern. Vielleicht kannst du mit denen nicht sprechen über den Groll oder die Angst, die Du in Dir hast, aber verzeihen kannst Du auf jeden Fall, ... und laß nicht die Eltern zwischen Euch treten (s. Theo Schoenaker: Es ist noch nicht vorbei..., Frauen und Männer berichten über ihre Partnerschafts-Erfahrungen zwischen Scheitern und Aufarbeitung; in Vorbereitung). In der Reihenfolge der Wichtigkeit kommt erst der Partner, und viel später kommen erst die Kinder, und noch viel später die Eltern.

Wenn Du Dich wohlfühlst, bist Du fröhlicher, flexibler und toleranter, und dann geht es auch Deinen Kinder gut,

---

*) *Kap. 3.1. v. Theo und Antonia Schoenaker, Kap. 3.2. - 3.5. v. Theo Schoenaker*

denn sie wachsen in einer wachstumsfördernden Atmosphäre auf.

Betrachte die nächsten Kapitel unter diesem Blickwinkel.

4.1. Das Zugehörigkeitsgefühl

Wir sind alle liebevolle Erzieher, solange wir selbst nicht in Schwierigkeiten sind. Kennst Du das Gefühl »gut genug« zu sein, »so sein zu dürfen, wie Du bist« und Dich ernstgenommen zu wissen? Das ist ein Gefühl der Zugehörigkeit. Deine Kraft ist belebter, Dein Intellekt geschärfter, Dein Begriffsvermögen weniger umzogen; es fällt Dir leichter, Dich mit der Welt zu messen und zu wissen, was Du tun kannst.

4.1.1. Mut und Zugehörigkeitsgefühl

Wer sich zugehörig fühlt, ist immer bereit, etwas für andere zu tun. Wer sich zugehörig fühlt, bringt seine soziale Veranlagung in den verschiedensten Weisen zum Ausdruck. Der Mensch ist ein soziales Wesen, und wenn man ihm das Wichtigste, was er braucht, nämlich Mut und Zugehörigkeitsgefühl nicht nimmt, treibt er die prächtigsten Blüten in Gottes Garten.

4.1.2. »Wenn ich mich zugehörig fühle,....«

Wir haben in einer Gruppe von Erwachsenen die Frage gestellt: »Wie geht es Dir, wenn Du Dich zugehörig fühlst?« und folgende spontane Aussagen auf Tonband aufgenommen. Ich gebe sie unverändert wieder.

* Wenn ich mich zugehörig fühle, bin ich aktiv und kann beitragen.

* Wenn ich mich zugehörig fühle, gehe ich auf Menschen zu.

* Wenn ich mich zugehörig fühle, habe ich Energie und weiß: Ich schaffe das schon!

* Wenn ich mich zugehörig fühle, leiste ich meine Beiträge für die Gruppe oder für den Einzelnen, egal, ob diese gut oder fehlerhaft sind.

* Wenn ich mich zugehörig fühle, gehe ich auf Menschen zu, bin mir meiner eigenen Stärke bewußt, bin kreativ und fantasievoll. Ich spüre Mut und Selbstbewußtsein.

* Wenn ich mich zugehörig fühle, fühle ich mich gerade, schön, spritzig, lustig und kann meine Begeisterung auf andere Menschen übertragen.

* Wenn ich mich zugehörig fühle, dann fühle ich mich erstmal wohl, einfach irgendwie wohl, und es ist mir so schön warm. Ich spüre dann die neue Kraft, die in mir entsteht, und dann muß ich auch irgend etwas schaffen.

* Wenn ich mich zugehörig fühle, bin ich gerne bereit, Verantwortung zu tragen.

* Wenn ich mich zugehörig fühle, habe ich Vertrauen in die Zukunft, auch dann, wenn Dinge im Moment sehr ungewiß sind. Diese Ungewißheit stört mich dann nicht.

** Wenn ich mich zugehörig fühle, bin ich mit anderen Kindern auf der Spielwiese. Ich spiele aktiv mit und habe Lebensfreude.

* Wenn ich mich zugehörig fühle, verschafft mir das Freiheit für meine vielen Fähigkeiten.

* Wenn ich mich zugehörig fühle, habe ich das Gefühl, daß alles, was ich sage und tue, stimmt.

Wenn nun das Zugehörigkeitsgefühl dazu führt, daß wir uns beitragend, helfend, dienend in der Welt bewegen, gibt es dann eigentlich etwas Wichtigeres, das höher zu bewerten ist, das förderungswürdig wäre? Gibt es ein anderes Erziehungsziel als die Entwicklung des Zugehörigkeitsgefühls?

»Ich weiß, ich bin okay« - »Ich bin ich, und so wie ich bin, bin ich gut genug«. Diese Seins-Zustände können wir uns nicht denken, ohne daß der Betreffende sich zugehörig fühlt. Der Mensch kann sich nicht okay fühlen, nicht als gut genug vorkommen, wenn er sich abgelehnt, kritisiert, ausgeschlossen, überfordert oder links liegengelassen fühlt. Das gilt für Dich, für Deinen Partner und Deine Kinder.

4.1.3. »Wenn ich mich nicht zugehörig fühle,....«

Unsere Gruppenteilnehmer erleben es so:

- Wenn ich mich nicht zugehörig fühle, bin ich auf mich selbst bezogen und inaktiv.
- Wenn ich mich nicht zugehörig fühle, dann gehe ich in ein Zimmer und verkrieche mich dort.
- Wenn ich mich nicht zugehörig fühle, bin ich wie gelähmt. Ich bin nicht fähig, etwas zu tun.
- Wenn ich mich nicht zugehörig fühle, dann erlebe ich mich als ausgeschlossen und fühle mich schwach.
- Wenn ich mich nicht zugehörig fühle, fühle ich mich ohnmächtig, eingeengt, verkrampft, aggressiv.
- Wenn ich mich nicht zugehörig fühle, dann beginne ich, mich selbst abzulehnen und andere anzugreifen.
- Wenn ich mich nicht zugehörig fühle, dann fühle ich mich klein, hilflos, gelähmt und gestaut, traurig, krumm und klein, also richtig mies.
- Wenn ich mich nicht zugehörig fühle, überkommt mich das Gefühl des »ich kann nicht« und arbeite nicht mit. Ich denke: »Das können andere schon machen.«
- Wenn ich mich über längere Zeit nicht zugehörig fühle, dann reagiere ich mit Krankheiten.
- Wenn ich mich nicht zugehörig fühle, dann ist es, als ob ich am Rande einer Spielwiese stehe und nur Zuschauer bin.
- Wenn ich mich nicht zugehörig fühle, dann ist das so ein Zustand wie tot und starr.
- Wenn ich mich nicht zugehörig fühle, dann fühle ich mich nicht geliebt; ich fange an, mich abzugrenzen und zu verteidigen.

- Wenn ich mich nicht zugehörig fühle, werde ich neidisch.

- Wenn ich mich nicht zugehörig fühle, meine ich, daß alles, was ich tue oder sage, nicht passend ist; ich fühle mich gefährdet.

4.1.4. Ermutigung als Werkzeug der Liebe

Was im Zustand der Nichtzugehörigkeit fehlt, ist das Gefühl der Verbundenheit mit anderen. Gäbe es mehr Liebe unter den Menschen, so käme mehr Gefühl der Zugehörigkeit und der Verbundenheit zustande. Es gäbe mehr Mut, Zusammenarbeit, Kreativität und Freude. Liebe braucht aber ein Werkzeug; sie muß sich in Taten äußern können.

Ermutigung heißt der Hebel, der den Menschen zurückführt auf die Ebene der Zugehörigkeit. Ermutigung, so lautet die Definition, ist jedes Zeichen der Aufmerksamkeit, das dem anderen oder uns selbst das Gefühl der Zugehörigkeit vermittelt. Hast Du heute schon jemandem gesagt, was Du gut an ihm findest? Deinem Partner, Deinem Kind, Deinen Eltern oder Dir selbst, sodaß das Gefühl der Zugehörigkeit entstehen konnte?

Es ist unschwer zu erkennen, daß in obigen Aussagen über das Gefühl der Zugehörigkeit das Rohmaterial für den Weltfrieden liegt. Wir brauchen uns nur einen Augenblick vorzustellen, wie das Zusammenleben der Menschen auf Erden aussehen würde, wenn alle sich ab jetzt so fühlen würden und alle bereit sein würden, ihre Kräfte im Dienste der anderen einzusetzen und mit dem anderen zu teilen, was sie haben. Da das Gefühl der Zugehörigkeit immer mit dem Gefühl der Gleichwertigkeit einhergeht, könnte man also soziale Wunder erleben.

4.1.5. Das Zugehörigkeitsgefühl: Das Urbedürfnis des Kindes

Das Kind als soziales Wesen kommt zur Welt mit dem Urbedürfnis nach Zugehörigkeit. Kinder, die sich zugehörig fühlen, sind zufriedene Kinder. Diese Kinder wollen beitragen, helfen und lernen. Sie wollen helfen, dem Baby die Windeln zu wechseln, sie wollen helfen, das Bettchen zu machen. Diese Bereitschaft zu konstruktiven, mutigen Beiträgen und zur Zusammenarbeit kann man durch alle Stufen des Lebens beobachten, wenn einige wichtige Beziehungen ein Gefühl der Zufriedenheit auslösen und wenn die Bedeutung dieser Beziehung auch bestätigt wird - oder mit anderen Worten: Wenn der Mensch sich zugehörig fühlt.

In Mutters Bauch, an Mutters Brust, auf Mutters Arm, auf Mutters Schoß wird das Kind sich zugehörig fühlen, wenn die Mutter das Kind bejaht. Das Kind gibt der Mutter und bekommt von ihr. Beide sind zufrieden. Es wird von Mutters Schoß herunterrutschen und »die Welt« untersuchen. Auch wenn es in das nächste Zimmer gegangen ist und Mutter nicht mehr sehen kann, wird es sich zugehörig fühlen. Die Urbindung zur Mutter ist da und es weiß, es kann zu ihr zurück. Das Gefühl der Zugehörigkeit ist also nicht notwendigerweise an die körperliche Anwesenheit eines Menschen gebunden. Wenn es im Kindesalter »installiert« wurde, wird es darauf auch als Erwachsener immer wieder aufbauen. Wurde es im Kindesalter nicht entwickelt, ist es ein Loch, das nach der Pubertät nicht leicht zu schließen ist.

Kinder, die sich nicht zugehörig fühlen, zeigen Verhaltensweisen, die wir, allgemein gesehen, als störend empfinden. Sie sind träge, sie zögern, sie ignorieren die Bedürfnisse anderer Kinder, sie suchen die Nähe der Erwachsenen und versuchen zu stören. Im Grunde scheut das Kind sich davor, mit anderen zusammenzusein, weil es in diesem Gefühl der Nichtzugehörigkeit auch nicht weiß, wie es sich anderen Menschen gegenüber verhalten soll. Kinder, die sich nicht zugehörig fühlen, teilen wenig über ihre Erlebnisse mit. Es ist schwierig, herauszufinden, was in ihnen vorgeht. Kinder, die sich nicht zugehörig fühlen, verbringen meistens viel Zeit alleine. Sie nehmen nicht gerne an Aktivitäten innerhalb der Schule oder Familie teil. Sie bleiben im Hintergrund. Je mehr Personen teilnehmen, desto unbehaglicher fühlt sich das Kind. Solche Kinder haben die Neigung, die Leistungen anderer zu schmälern, sie lächerlich zu machen und neidisch zu sein. (Hier erkennen wir schon die Grundlage für üble Rede).

Dieses Gefühl der Nichtzugehörigkeit, das zu den oben erwähnten Ausdrücken des Unwohlseins führt, kann so stark sein, daß man sich auch als Erwachsener in der Gegenwart des Kindes unwohl fühlt. Manche Kinder sind nicht zurückhaltend und gehemmt, sondern fordern aggressiv die Aufmerksamkeit und wirken damit der Entwicklung eines Klimas, worin das Gefühl der Zugehörigkeit entstehen könnte, entgegen. Sie bekommen nicht, was sie suchen. Sie bekommen zwar Aufmerksamkeit, manchmal das Erlebnis gewonnen zu haben in einem Machtkampf mit den Erwachsenen, aber das Gefühl der Zugehörigkeit und der Geborgenheit geht ihnen verloren. Meistens bekommen sie Kritik oder Strafe. Das Kind, das vorlaut ist, andere verspottet, sich aufdrängt und im Mittelpunkt stehen will, schließt sich selbst aus von dem, was es am meisten braucht, Wärme und Fürsorge.

Wenn Kinder über längere Zeit keine Möglichkeit finden, sich mit positiven oder negativen Mitteln zugehörig zu fühlen, dann ziehen sie sich zurück und wenden sich Tieren oder Gegenständen (z.B. Spielzeug) zu. Diese werden ihre Gesprächspartner, diese verbieten oder kritisieren nicht. Hiermit kann man sich leichter arrangieren, und so fühlen sie sich in ihrer eigenen Welt zugehörig.

Jugendliche, die immer wieder vermittelt bekommen, daß sie so, wie sie sind, nicht gut genug sind, die sich kritisiert fühlen, sich unter Druck fühlen, sich ändern zu müssen, und sich somit nicht zugehörig fühlen können in der eigenen Familie, die finden sich in mehr oder weniger nützlichen Subgruppen oder Cliquen zusammen, wo sie sich als gleichwertig, als zugehörig erleben können. So entstehen auch die weniger nützlichen Gruppen der Radikalen, der Drogenabhängigen und andere. Hier dürfen sie sein, so wie sie sind. Hier sind sie okay und haben einen Platz. Hier können positive Qualitäten und die Bereitschaft zur Zusammenarbeit, sogar zum Opfern hervortreten, die die Eltern nie zu sehen bekommen. Der Mensch kann nicht leben, ohne sich zugehörig zu fühlen.

Wir als Erwachsene kennen die Richtigkeit dieser Behauptung aus Erfahrung oder können sie um uns herum wahrnehmen: Menschen, die über längere Zeit entmutigt werden, z.B. am Arbeitsplatz, und dort keine Anerkennung bekommen, keine Chance finden, sich zugehörig zu fühlen, die suchen, sobald sie nur können, einen anderen Arbeitsplatz, weil sie ohne das Gefühl der Zugehörigkeit nicht kreativ mitarbeiten können. Wer sich auf Dauer in der Ehe nicht angenommen fühlt, eher ent- als ermutigt wird, der findet bald den nächsten Partner und die Scheidung steht bevor.

Wir können Kindern und Erwachsenen helfen, sich zugehörig zu fühlen: durch Ermutigung, durch Hoffnungmachen und jedes Zeichen, das ihnen das Gefühl der Zugehörigkeit vermittelt.

Vielleicht kann man Kindern helfen zu spüren, daß sie ein wichtiges Mitglied der Familie, der Gruppe sind und ihnen Funktionen übertragen, sodaß sie erleben, daß sie einen eigenen Platz haben.

Auch für uns Erwachsene ist es wichtig zu wissen, daß wir zu einer bestimmten Gruppe, d.h. zu der eigenen Familie, zu dem eigenen Partner, zu dieser Religionsgemeinschaft, zu diesem Verein, zu der Encouraging-Bewegung usw. gehören. Die Möglichkeit, sich mit der Gruppe zu identifizieren und daraus ein Gefühl der Stärke zu entnehmen, ist eng verbunden mit dem Erlebnis, nützlich bzw. wichtig sein zu können. Das Gefühl der Wichtigkeit entsteht für das Kind, wenn es beachtet wird und seine Bedürfnisse und seine Meinungen ernst genommen werden. Es spürt, daß es erwünscht ist. In ihm pulsiert die Sicherheit: »Ich will und ich kann, denn ich gehöre dazu.«

4.2. Erstrebenswerte Qualitäten

Etwas mehr Zugehörigkeitsgefühl würde vielleicht auch Dir gut tun. Du kannst ja wohl nicht darauf warten, bis andere Dir vermitteln, daß Du, so wie Du bist, gut genug bist; daß Du einen Platz hast und dazu gehörst. Tue selbst etwas dafür und hole Dir Dein Zugehörigkeitsgefühl, indem Du anders mit Dir selbst redest als bis jetzt und mehr auf Deine Stärken achtest. Gehe auch aktiv auf andere zu, beteilige Dich an Gesprächen, interessiere Dich für andere, höre bewußter als sonst zu und erzähle auch von Dir. Begeistere Dich für das Wohl oder den Erfolg des anderen. Dadurch entwickelst Du soziale Fähigkeiten, die Dir das zufriedene Gefühl geben, daß Du dazugehörst und nützlich bist.

Es gibt einige erstrebenswerte Qualitäten, mit denen Du Dein eigenes Zugehörigkeitsgefühl und das der anderen stärkst. Hier sind sie:

- Interesse für andere
- aufmerksam zuhören
- Begeisterung
- Geduld
- der freundliche Blick
- die freundliche Stimme
- das Gute erkennen
- Versuche und Fortschritte anerkennen
- selbstverantwortliches Handeln

Interessant ist es, eine Qualität zu wählen und sie täglich während einer Woche anzuwenden. Klebe einen Zettel an den Spiegel, an den Bettrand oder auf den Kühlschrank und schreibe das Wort darauf, sodaß Du es oft sehen kannst. Orientiere Dich über diesen Begriff, u.a. im Buch »Mut tut gut - Ich weiß, ich bin okay« (s. insbes. Kap. 4, S. 147), und stelle Dir in ruhigen Momenten vor, wie Du Dich mit dieser Qualität verhalten wirst. Tue es so, als ob Du, in Deiner Fantasie, Dir selbst dabei zuschaust. Du könntest in Dein persönliches Wachstumsbuch über die Reaktion Deines Partners oder Deiner Kinder auf Dein Verhalten einen Erfahrungsbericht schreiben. So vertiefen sich die Erfahrungen, und so wird Dir die erstrebenswerte Qualität eher zu eigen.

Übungen zur Verbesserung der Kommunikation zwischen Dir und Deinem Partner findest Du in dem Buch »Die neue Partnerschaft« von Antonia und Theo Schoenaker.

4.3. Der innere Dialog

»Das hab ich Dir doch gleich gesagt,
so hat es ja kommen müssen,
aber Du, Du mußtest ja mal wieder
alles besser wissen.«

»Wir meinen es doch nur gut mit Dir,
nun hör doch einmal zu!
In Deinem Alter durften wir
nicht halb soviel wie Du.«

»Hallo! Wer spricht denn da?
Bist Du es, Papa?
Bist Du es, Mama?
Hallo! Wer spricht denn da?
Wie sonderbar,
ob ich das war?«

»So wollt' ich doch nie sein,
das hatte ich mir doch felsenfest geschworen.«

So klingt es in einem Lied von Rolf Zuckowski (Deutsche Grammophon Ges., Polydor, Nr. 874 006-4).

Es geht mir hier nicht darum klarzumachen, daß wir oft so zu unseren Kindern reden, wie die Eltern zu uns geredet haben, sondern ich will Dir hiermit bewußt machen, daß wir über das, was wir tun, getan haben oder vorhaben zu tun, mit uns selbst sprechen.

Haben wir etwas gut gemacht, so reden wir zufrieden mit uns selbst. Sind wir unzufrieden oder können uns selbst nicht ausstehen, dann haben wir meistens abwertende Selbstgespräche. Das kann von Situation zu Situation anders sein, aber das Selbstgespräch vertieft unser Minderwertigkeitsgefühl oder baut uns auf; es bestätigt unser Gefühl, daß wir, so wie wir sind, nicht genügend und nicht gut genug sind.

Das Selbstgespräch ist ein leicht zu praktizierendes Mittel, es Dir selbst gutgehen zu lassen. Es ist deswegen leicht, weil Du es immer bei Dir hast und Du sowieso immer mit Dir redest. Die Art und die Richtung des Selbstgespräches kannst Du selbst bestimmen. Übungen dazu findest Du in: »Mut tut gut - Ich weiß, ich bin okay« (Kap. 5.1).

4.4. Wie hättest Du es denn gerne gehabt?

Simon hätte als Kind so gerne gehabt, daß seine Mutter zu ihm gesagt hätte: »Simon, Du bist ein guter Junge!« Er erinnert sich aber nur an ihren drohenden Zeigefinger, der ihm sagte: »Du bist ein böses Kind.« Wie hat er sich nicht angestrengt, gut zu sein, zu helfen und seiner Mutter zu gefallen.

Jetzt ist er ein erwachsener Mann, der aufblüht, sobald jemand ihm vermittelt, daß er ein guter Mensch ist. Noch immer strengt er sich an zu helfen und gut zu sein, und noch immer ist die Sicherheit in ihm »Du bist ein böses Kind«. So wie die Eltern mit uns umgingen, so gehen wir mit uns selbst um (s. »Mut tut gut«, Kap. 2.5. »Kinder in einer alternden Haut«).

Hätten unsere Eltern uns mehr ermutigt, hätten wir in unserer Kindheit mehr ja, als nein, mehr: »probier's mal«, als »laß' das«; mehr: »du kannst das schon«, als »das kannst Du nicht«; mehr: »mach' mal«, als »dafür bist Du noch zu klein« gehört, so würden wir jetzt anders über uns und unsere Chancen denken, und wir würden ermutigend mit uns selbst reden.

Jeder Mensch, das ist meine feste Überzeugung, war in der Kindheit hinter irgend etwas her, was er nicht oder ungenügend bekommen hat. Und auch jetzt im Erwachsenenalter bist Du immer noch dahinter her und hast Dir einen Partner gesucht oder Dich in eine Lebenssituation hineinmanövriert, wo Du das wieder nicht oder ungenügend bekommst. Willst Du darüber nachdenken?

»Wie hättest Du es denn gerne gehabt?« habe ich eine Anzahl Erwachsener gefragt. »Was hättest Du gerne von Deinen Eltern hören wollen. In welcher Ausdrucksweise genau und von wem genau? Marlene hätte z.B. gerne gehabt, daß Vater endlich gesagt hätte: »Marlene, ich bin stolz auf Dich!« Das ist es, wonach sie sich noch immer sehnt. Es war und ist ihre Sehnsucht nach der Sicherheit der Zugehörigkeit. Diese Aussage des Vaters hätte es ihr vermitteln können, aber im Gegenteil: er hat ihre Leistungen kaum zur Kenntnis genommen oder gezeigt, daß sie »es« hätte besser machen sollen. Es ist wie bei Franz Doyle. Auch jetzt im Erwachsenenalter seiner Tochter kann er ihr noch nicht die Anerkennung geben, die sie braucht.

Vergleich' doch das, was andere Erwachsene geantwortet haben, mit Deinem eigenen Wunsch:

»Das hast Du aber gut gemacht.«

»Das schaffst Du sicher.«

»Du bist stark, und was Du Dir vornimmst, wirst Du auch erreichen. Wir vertrauen Dir und wir wissen, daß Du dich für das Richtige entscheiden wirst.«

»Deine Meinung ist uns wichtig. Du bist ein guter Junge; auf Dich bin ich sehr stolz.«

»Wir haben Dich sehr lieb.«

»Wir sind glücklich, daß Du bei uns bist. Du gehörst dazu.«

»Ich bin froh, daß es Dich gibt.«

»Wir sind sehr stolz auf Dich.«

»Es ist schön, daß Du ein Mädchen bist.«

»Du bist okay, so wie Du bist.«

»Ich bin zufrieden mit Dir.«

»Du bist auch gut, wenn Du mal keine Lust hast. Ich habe auch nicht immer Lust.«

»Du bist etwas Besonderes, und wir lieben Dich.«

Solche oder ähnliche Aussagen oder Botschaften hätten Erwachsene gerne als Kind bekommen. Vielleicht wartet Dein Kind auch auf so eine Bestätigung seiner Zugehörigkeit, und ganz sicher wartet Dein Partner darauf. Magst Du nicht mit ihm gemeinsam überlegen, was es ist, wo Du und er als Kinder hinterher ward und wonach Ihr Euch beide immer noch sehnt? Wenn ihr so den Schlüssel für das Gefühl der Zugehörigkeit findet, so könnt Ihr Euch gegenseitig ein großes Geschenk machen, natürlich nur dann, wenn Ihr es aufrichtig meint.

Es kann sein, daß es Dir Tränen in die Augen treibt, wenn Dein Partner Dir sagt, was Du gerne von Deinem Vater gehört hättest. Es ist, als ob eine Kindheitswunde anfängt zu heilen.

Genauso hilfreich ist dein Schlüsselsatz, wenn Du allein bist. Simon macht es so: Wenn es ihm nicht gut geht, wenn er traurig oder einsam ist oder wenn er sich unwürdig fühlt, hält er einen Moment inne, stoppt den negativen inneren Dialog, nimmt den Kopf hoch und sagt sich selbst: »Simon,

Du bist ein guter Junge«, danach kann er sich leichter für aufbauende Gedanken und Aktivitäten entscheiden. Magst Du es auch probieren mit Deinem Schlüsselsatz?

Ändere die Sprache, mit der Du mit Dir selbst sprichst, und Du wirst Wege finden, Dir selbst gute Eltern zu sein. Dann ist es leichter, es Dir gutgehen zu lassen, auch in der Erziehung Deiner Kinder.

5. Übungen
Die praktische Seite - Geh neue Wege

Theo Schoenaker

Deine Partnerschaft

Wenn Du in einer Partnerschaft lebst und die Kinder wohnen noch zuhause, dann tust Du für Deine Kinder das Allerbeste, wenn Du etwas für die Qualität Deiner Ehe tust. Es gibt genug Bücher über Ehe, aber in dem Buch »Die neue Partnerschaft« findest Du eine Reihe von interessanten und wirkungsvollen Übungen, und vielleicht gibt es auch in Deiner Nähe ein Angebot von Encouraging-Training für Paare, sodaß für die Verbesserung der Lebensqualität Deiner Familie Chancen genug vorhanden sind. Auch ein Encouraging-Training für Dich alleine könnte Dir helfen.

In der Rolle Deiner Eltern

Auf Seite 84 dieses Buches findest Du meinen Vorschlag, einen Brief über Deine Entmutigung zu schreiben aus der Sicht Deiner Eltern oder eines Elternteils.

Der Brief an die Eltern

Schreibe danach einen Brief an Deine Eltern. Beschreibe, was sie aus Deiner Sicht zu Deiner Entwicklung getan haben und was Du selbst beigetragen hast, so daß Du schließlich so geworden bist, wie Du jetzt bist. Sieh' das, was nicht in Ordnung war und spreche das auch an. Erkenne auch, was Du gelernt, erfahren und bekommen hast, und drücke auch Deinen Dank dafür aus. Bedenke, daß Dein Kunstwerk noch nicht fertig ist und Du noch viele Lern- und Erfahrungsmöglichkeiten vor Dir hast. Bevor Du anfängst, magst Du vielleicht entscheiden, den Brief so zu schreiben, daß Du darauf eine positive Antwort bekommen würdest, für den Fall, daß Du ihn wegschicken würdest. Ich empfehle Dir jedoch, das nicht zu tun. Wahrscheinlich zerstörst Du mehr, als Du gewinnst.

Das wirkungsvolle soziale Dreieck

Ermutigungen, die man über einen Umweg bekommt, können einen tieferen Einblick hinterlassen als solche, die man unmittelbar zu hören bekommt. So kann es für ein Kind eine große Hilfe zur Stärkung seines Selbstbewußtseins bedeuten, wenn die Eltern vom Elternabend kommen und mitteilen, daß der Lehrer gesagt habe: »Der Matthias macht gute Fortschritte in Französisch, und ich finde auch, daß er ein angenehmer Schüler ist, weil er sich auch für die Fortschritte der anderen Schüler interessiert und bereit ist zu helfen.« Wir sprechen in so einem Fall von einer Ermutigung über das soziale Dreieck. Möglichkeiten zu einer derartigen Ermutigung gibt es in einer Familie in Fülle. Vater kann etwas zu Mutter sagen über das Kind, das nicht im Zimmer, aber immerhin in Hörreichweite anwesend ist.

Man kann aus dieser Idee jedoch auch ein Familienspiel machen. Wenn man mit mehreren Personen zusammen ist - auch Erwachsene erfreuen sich an diesem Ermutigungsspiel - entscheidet sich eine Person, sich außerhalb des Kreises zu setzen mit dem Rücken zu den Anwesenden. Sie ist sozusagen nicht mehr da. Jetzt fangen die anderen an, nur und ausschließlich in positiver Weise über den Betreffenden zu sprechen. Der Empfänger bleibt drei Minuten außerhalb des

Kreises. Diese Zeitbestimmung ist wichtig, damit nicht derjenige, der sowieso schon beliebt ist, zehn Minuten ermutigt wird, und der, der weniger soziale Fähigkeiten hat, aber die Ermutigung am meisten braucht, nach drei Minuten leer ausgeht. Deshalb gilt für jeden die gleiche Zeitdauer (siehe übrigens für die Beschreibung dieser Übung auch »Mut tut gut«, S. 232).

Die spezifische Ermutigung

Wir unterscheiden eine allgemeine Ermutigung, wie z.B.: »Du bist ein guter Junge« - »Du bist ein liebes Mädchen« - »Du bist ein braves Kind« - »Du bist ein guter Schüler«. Diese allgemeinen oder generellen Ermutigungen können einem Kind zwar guttun, aber sie geben ihm keine Richtung für sein Verhalten; sie sind eher als Lob zu verstehen.

Spezifische Ermutigung beschreibt das Verhalten, das uns Anlaß gab, zu dem Kind zu sagen, daß es gut, lieb, brav usw. ist; z.B.: »Ich finde es schön, daß Du Deiner Mutter gerne im Haushalt hilfst« (Du bist ein guter Junge). »Es ist gut, daß Du gerne schön schreibst und dabei Dein Bestes tust, auf der Linie zu schreiben« (Du bist ein guter Schüler).

Da die allgemeine Ermutigung uns eher einfällt, kann man damit auch anfangen, z.B. »Du kannst schön malen«, und dann spezifizieren, was Dich zu dieser Aussage führte, z.B. so: »Du kannst schön malen, *denn* diese Farbe paßt ausgezeichnet in das Bild«, oder: »Du bist ein großes, selbständiges Mädchen, *weil* Du selbst entscheidest, welche Kleider Du anziehen willst.« Aus einer generellen Ermutigung entsteht von selbst eine spezifische Ermutigung, wenn man: »..., *weil* Du...« oder: »..., *denn*...« einbaut, z.B.: »Dein Bild gefällt mir, *weil* Du solche hübschen Farben benutzt hast. Ich finde insbesondere die Blau- und Grüntöne sehr schön«, oder: »Dein Bild gefällt mir, *denn* die gelben und roten Farbtöne lassen es leuchten.«

Diese Art von Übung steigert Deine Ermutigungsfähigkeit, denn generelle Ermutigungen sind leichter zu geben, weil sie einen allgemeinen Eindruck wiedergeben. Wollen wir aber spezifische Ermutigungen abgeben, so sind wir gezwungen, genauer hinzusehen, genauer wahrzunehmen, was den eigentlichen, positiven Aspekt in dem Verhalten ausmacht.

Die spezifische Ermutigung kann einem Kind eine gute Hilfe sein auf dem Weg zur Entwicklung des Selbstbewußtseins. Der Erzieher soll jedoch vorsichtig damit umgehen, denn er kann die spezifische Ermutigung genauso gut als einen erhobenen Zeigefinger mißverstehen und einsetzen: »Ich finde Dich gut unter der Bedingung, daß Du Dich so und so verhältst.« Diese Gefahr ist bei »..., weil du...« eher gegeben, da es leichter als Bedingung aufgefaßt wird; »..., denn...« steht eher für eine Feststellung.

Im negativen Sinne können wir übrigens sehr effektiv mit dieser Idee umgehen. Die spezifische *Ent*mutigung ist im Grunde gang und gebe. Wir sagen nicht nur: »Du bist ein schlampiges Kind«, sondern wir begründen: »Du bist ein schlampiges Kind, *weil* Du Deine Spielsachen schon wieder nicht aufgeräumt hast.«

Der Geburtstagsstuhl

Ideen muß man haben! In einem Kindergarten steht an einer besonderen Stelle in der Gruppe ein Stuhl. Eines der Kinder hat Geburtstag. Jedes Kind, dem an diesem Tag etwas Gutes, Nettes zu diesem Geburtstagskind einfällt, darf sich darauf stellen und laut sagen, was es zu sagen hat. Die Erzieherin macht es auch. So lernen die Kinder bald, was gemeint ist und nehmen regen Anteil. Das ist ein Geburtstag!

Ich bin sicher, daß Du Dir nach dieser Lektüre überlegst, was Du heute tun kannst, um bei Deinem Kind mehr auf das Gute, auf das Liebenswerte, auf seine gut gemeinten Versuche und Ansätze, als auf seine Fehler und Schwächen zu schauen. Du könntest Dir dazu eine persönliche Lebensvision machen, wo Du dieses neue, ermutigende Verhalten hineinarbeitest (siehe dazu »Mut tut gut«, S. 233).

Es wird Dir übrigens leichter fallen, Dein Kind zu ermutigen, wenn Du generell das Ermutigen zum Leitthema in Deinem Leben machst. Um das zu erreichen, gibt es viele leicht duchführbare Übungen in dem oben erwähnten Buch »Mut tut gut«. Laß es Dir gut gehen!

6. Das Encouraging-Training

Theo Schoenaker

Das Encouraging-Training - Schoenaker-Konzept

Das Schoenaker-Konzept ist eine Gruppenarbeitsweise auf individualpsychologischer Grundlage, die durch die Förderung des Zugehörigkeitsgefühls, das Erleben der sozialen Gleichwertigkeit und der Anwendung der Ermutigung das soziale Potential weckt und im Dienste der Gesundung des Einzelnen und der Gesellschaft ausbaut.

Das Basistraining wird in vielen Orten der Bundesrepublik Deutschland, in Österreich, der Schweiz und den Niederlanden angeboten. Es umfaßt 10 wöchentliche Abende. Für (Ehe-)Paare gibt es ein gesondertes Angebot: Encouraging-Training für Paare. Die Teilnehmer lernen sich selbst und andere aufzubauen zur Förderung des Friedens und des Erfolges in den Lebensaufgaben Arbeit, Studium, Partnerschaft, Erziehung und Gemeinschaft.

Eine Ausbildung zum/zur Encouraging-TrainerIn - Schoenaker-Konzept - ist für Laien gedacht und dauert 2-3 Jahre.

Die Wirksamkeit des Konzeptes spricht aus folgenden Zahlen einer Umfrage unter 531 befragten Teilnehmern an einem Basistraining von 10 Abenden:

Ich bin mit mir zufrieden....................................88%
Ich bin verständnisvoller....................................86%
Ich habe ein besseres Selbstwertgefühl..................84%
Ich kann andere besser ermutigen........................84%

Ich kann eigene Bedürfnisse besser erkennen...........84%
Ich pflege einen besseren Umgang
mit meinen Kindern.......................................84%
Ich spreche freundlicher mit mir selbst..................84%
Ich kann Fehler anderer besser tolerieren...............83%
Ich bin mutiger geworden..................................81%
Ich pflege einen besseren Umgang mit
meinem Lebenspartner.....................................79%
Ich fühle mich nicht mehr so abhängig von der
Meinung anderer..78%

Weitere Informationen über

örtliche Encouraging-Gruppen und Ausbildungsmöglichkeiten beim Rudolf-Dreikurs-Institut, Rudolf-Dreikurs-Weg 4-6 36391 (bis 1.7.1993: 6492) Sinntal 8 (Züntersbach) Tel. (09741)-3130 Fax (09741)-1281.

Empfohlene Literatur

Bettner, B.L.: »Kindern eine Chance geben« (Der Familienrat) - München 1992

Dreikurs, R.: »Kinder fordern uns heraus« - Stuttgart 1967

Dreikurs, R., Blumenthal, E.: »Eltern und Kinder, Freunde oder Feinde« - Stuttgart 1973

Dreikurs, R., Grey, L.: »Kinder lernen aus den Folgen« - Freiburg 1990

Dreikurs, R.: »Selbstbewußt« - Rosenheim 1987

Gordon, Th.: »Familienkonferenz« - Hamburg 1970

Montessori,M.: »Kinder sind anders« - Stuttgart 1978

Montessori,M.: »Die Entdeckung des Kindes« - Freiburg 1989

Schoenaker, A. und Th.: »Die neue Partnerschaft« - Stuttgart 1993

Schoenaker, Th.: »Mut tut gut. Ich weiß, ich bin okay« - Stuttgart 1993

Schottky, A, Schoenaker, Th.: »Was bestimmt mein Leben« - Frankfurt 1991

Antonia und Theo Schoenaker
Die neue Partnerschaft

Austausch in der Nähe
4. Auflage. 1993. 192 Seiten. Gebunden DM 29,80
ISBN 3-89483-010-7

Die neue Partnerschaft beruht auf echter Gleichwertigkeit von zwei selbständig denkenden und handelnden Menschen. Was aber bedeutet dies für die Art des Umgangs miteinander? Die erfahrenen Partnerschaftstherapeuten entwickeln in diesem Buch ein Programm der neuen Kommunikation in der Nähe, das überraschend frisch und persönlich eine völlig neue Qualität der Partnerschaft eröffnet.